失われた日本の景観

――「まほろばの国」の終焉

浅見和彦
川村晃生 著

緑風出版

はじめに

川村晃生

景観とは、単にそこに広がる景色をいうだけではない。森や川や海や山などそれぞれの自然が豊かに息づく景観は、そこに豊かないのちの賑わいが約束されている。動物と植物が共に生き、多様な生態系を作り上げている。言うまでもなく、人間もその一部だ。また美しい景観は、私たちの心を慰藉し、明日への活力を与えてもくれる。景観がもたらすそうした人間への効用は、今も昔も変わらない。それはこの国の古い文学の、『万葉集』でも『更級日記』でも、その一頁を開けばすぐに分かることである。そして、かつて日本の国土のすべてが、そうした心を慰藉する力を持った美しい景観に包まれていた。しかし戦後、とりわけ高度経済成長期以降、我が国の景観はコンクリートによって固められ、美から醜へと変わっていった。田中角栄氏の日本列島改造計画が、その分岐点になっていることはまず疑いない。

いったいそこで何が起こったのだろうか。言うまでもない。私たちが効率や経済的利益を求め、そこに絶対的な価値を置いて生きたからだ。そこでは生態系の一部としての人間は、すでに葬り去られつつあった。そしてその時、壊されていった景観は、まったく振り向かれることはなかった。だから景観とは、私たちの生き方、少し高級めかして言えば思想の反映に他ならない。経済や効率のツケを自然や景観にまわして、それでも知らん顔をして生きてきたことの結果が今なのである。

景観を見ればそこに生きる人たちの生き方が分かる。私たちはいったいいつまでこんな生き方を続けていくのだろうか。高尾山にはトンネル穴を開けてしまった。リニア中央新幹線は南アルプスにトンネル穴を開けようとする。新山梨環状道路北部区間も我家の近くの名も知られぬ小山にトンネル穴を開けようとする。

かつて石川啄木は、

ふるさとの山にむかひて言ふことなし
ふるさとの山はありがたきかな

と歌った。名所に限らず、ふるさとの山野が織りなす名もない自然や景観でさえ、「ありがたい」という語にふさわしい、二つとないものだったのである。しかし金や効率に目の眩んだ昨今の人たちにとって、ふるさとの山など少しもありがたくはないのだろう。そしてそういう意味でいえば、自然や景観を守るという行為は、人間の精神や命の回復を意図した試みという意味もあるにちがいない。そう考えるとき、景観というものが持っている深遠な意味に私たちは気付かされるのである。

そうなのだ。くり返すが、景観とは単に景色を示すことばではないのである。景観とはそれを造り上げる動物や植物の数々の命のことでもあるのだ。それを自然科学者は生態学ということばで呼んでいるのだが、本書ではそうした生態系の問題や生活及び日常の風景までをもふくめて、景観の問題として取り上げたいと考えている。

古いことばに「まほろば」ということばがある。『古事記』に見えるものだが、「すぐれた良い所、秀でた国土」という意味である。むかしヤマトタケルノミコトが東征し、三重県の鈴鹿の地のあたりで、遠く離れた故郷の大和国（現奈良県）を偲んで、

やまとは　国のまほろば　たたなづく
青垣　山隠れる　やまとしうるはし
（大和はこの国で最も美しい所。青々とした垣根のような山々の中にこもっている大和の国、何とうるわしいことよ。）

とよんだと伝えられている。

かつてこの国の随所にあった「まほろば」を、著者の二人が訪ね歩いてみた。本書はその「ま

ほろば」がいまどうなっているのかを報告するものである。そしてなぜそうなってしまったのか、またそれを取り戻すにはどうしたらよいのかを、私たちと考えていただければ幸いである。

[初出：高尾山の自然をまもる市民の会会報　二〇一〇年五月十二日　No.二六二]

目次

序章

五重塔はなぜ美しいのか

浅見和彦

広重の名所江戸百景などを見ていると、その場面のほとんどに富士山や筑波山、品川沖の江戸湾、市中を流れる隅田川の姿が必ずといっていいほど描かれている。富士山をはじめとする山の風景と隅田川をはじめとする水の風景は江戸の風景に欠かせないものだった。だからこそ広重はある時は遠景に、ある時には近景に、美しい江戸の風景を描きこんだのだった。

江戸市中、またはその郊外には富士山を眺め見る富士見坂、富士見橋等、絶好の眺望地がかつて多数あった。現在でもそれらの多くは地名として継承され、都内各所に残っている。しかし残念なことに今、それらの場所から富士山を望み見ることはほとんど、あるいは完全に不可能となっている。JR山手線を中心とした区域において富士見坂とよばれる場所はおよそ二〇カ所あったが、今は一カ所を除き、富士山の眺望は全滅状態となっている。わずかに残った一カ所は荒川区西日暮里の通称「日暮里富士見坂」である。しかし、近時の報道によれば、ここも新宿駅近くに建つ高層ビル（四五階建・約一六〇メートル）のために富士山は見えなくなるという。広重が愛

名所江戸百景「飛鳥山北の眺望」。江戸、桜の名所の飛鳥山。花見客が集う。遠くに筑波山。しかし現在の飛鳥山公園からはその姿は見えない。

名所江戸百景「目黒爺々《じじ》が茶屋」。目黒川左岸は高い台地となっていて、今も茶屋坂、行人坂などの名が残る。かつては将軍家の御鷹場で富士山や丹沢山系がよく見えた。

した富士山の見える江戸の風景は永遠に消え去ろうとしているのである。

この高層ビルの眺望障害問題は富士山が見えなくなるだけではない。都内有数の美しい景観として知られる神宮外苑の絵画館のドーム屋根の左上部にこのビルが見えてしまうことが、予測の結果わかったのだ（『東京新聞』二〇一一年十二月二十二日付朝刊）。絵画館周辺は美しいイチョウ並木と絵画館のドームが独特の風景を作り出しており、映画やテレビの撮影にも、恋人たちの静かな散歩道としても、人気の場所である。新しく建設されるビルでその景観が破壊されるのである。

二〇〇六年三月、最高裁で出された東京都国立《くにたち》市の一四階建てマンション（高さ四四メートル）をめぐっての景観訴訟で「良好な景観の恵沢を享受する利益（景観利益）は法律上保護に値する」という画期的な判決が下された。景観や風景は一個人のものではなく、公共のものなのである。一企業の利益や都合によって、風景が簡単に破壊されるようなことはあってはならないだろう。

しかし残念ながら、高層建築物や高速道路、新幹線、ダム等の建設で人々に長らく愛されてきた大切な風景は次々と壊され、押しつぶされてきた。札幌の時計台（重文）、道後温泉の本館（重

名所江戸百景「品川の洲崎」。目黒川は江戸湾に出る直前で左に流れ、洲（図中央右）をつくる。洲の先端にあるのが洲崎神社（今の利田〔かがた〕神社）。品川沖は広々と遠くまで広がるが、今は埋立地となり、この眺望はない。

道後温泉本館（愛媛県松山市）。1894年（明治27）の建設で重要文化財。夏目漱石『坊ちゃん』の舞台として有名。今は高層ビルに囲まれている。

JR中央線八王子駅南口に建つ高層マンション

JR中央線三鷹駅北口に建つ高層マンション

文）の周囲には高層ビルやマンションが建ち並び、由緒ある建造物はその谷間に押しこめられ、味わいは抹殺されている。芝の増上寺もその後景に高層ビルや東京タワーが聳え立ち（一二三頁写真参照）、世界遺産に登録されている広島の原爆ドームも川をはさんで対岸に中高層のビルが立ち並んでしまった。

都市生活は膨張する。それゆえこうした歴史的建造物を建設当初のままの景観で、というのは、難しい問題があることも事実である。しかし、それにしても最近の高層建築の乱立は目に余るものがある。新宿御苑は二〇〇メートルを超える高層建築が取り囲み、せっかくの御苑の静かな武蔵野の雰囲気は台無しにされている。都心ばかりではない。中野、三鷹、八王子など近郊の郊外地に一〇〇メートルから一五〇メートルに及ぶ高層建築が次々と建てられ、建設ラ

東寺（京都市南区）の五重塔（国宝）約55m。正保元年（1644）再建。京都を代表する歴史的景観となっている。

アメリカの首都ワシントンのワシントン塔記念塔。高さ169m。これ以上高い建造物は禁止されている。

ッシュのごとき様相さえ呈している。都心部ならともかく、このような郊外の住宅地に、かくまで大きい高層ビル、高層マンションは本当に必要なのか。ただ町の景観を壊しているだけなのではないだろうか。

美しい町並で知られるフランスのパリでは早くも一八五九年、市内の建造物に二〇メートルの高さ制限が設けられた（その後、改定）。アメリカの首都ワシントンでもワシントン記念塔（一六九メートル）より高い建造物を禁止している。諸外国では都市景観を守る規制は厳しい。日本では京都など一部の都市で実施されてはいるが（これとても異論が多い）、大きく立ち遅れているのが現状である。

八百年前、鴨長明は「勝地（美しい風景）は主《ぬし》（持ち主）なければ、心をなぐさむるにさはりなし」（『方丈記』）といっている。美しい風景に持ち主は存在しない、だから自由に心ゆくまで楽しめるというわけである。風景公共論ともいうべき主張で、どうやら長明という人は良好な風景の愛好者として先駆的存在といえそうだ。

とかく批判の的にされる高層ビル、高層マンションであるが、近代以前の高層建築といえば、五重塔をはじめとする堂塔建築であろう。現在、日本にのこっている五重塔等はおおむね木造で、約五〇〇塔とされる。その中で最も高いのは京都、東寺の五重塔で約五五メートル。最も古いも

仁和寺（京都市右京区）の五重塔（重要文化財）。32.7m。江戸時代。境内のどこから見ても美しい。

清涼寺（京都市右京区）の多宝塔 後景の嵯峨の山並みとよく調和している。

のは七世紀ごろに創建（再建）されたと考えられる法隆寺の五重塔（約三二メートル）である。いずれもゆるやかな屋根勾配、肘木や垂木で組み上げられた姿は杉、檜といった大樹、高木と似て、均整のとれた美しさを見せている。中国や朝鮮に多い塼塔《せんとう》や石塔と違って、木造ゆえか全体的に柔らかい印象で、見る人の気持を和ませてくれる。

だが、五重塔の構造には謎が多い。日本の木塔の場合、必ず心柱《しんばしら》という中心柱があるが、この心柱は通し柱ではなく、二、三本を継いだ継ぎ柱である。この心柱で五重塔の全体を支えることはできず、驚くことに心柱は塔屋に飾られる相輪を支えているにすぎないのである。日光東照宮の五重塔などのように心柱は鎖で宙吊りになっている例さえある。そうしたことから心柱の機能として振り子説、あるいは閂《かんぬき》説などあって、いまだ結論が出ていないようである。

宮大工の西岡常一さんの話によると、五重塔は手で壁面を押すと揺れるそうである。それほどまでに日本の五重塔は柔らかく、柔構造を持っているといえるのである。見た目の柔らかさは高度の柔軟性を内部にもっているからこそと考えてよいであろう。法隆寺の五重塔ができておよそ千三百年、この間、現在に至るまで地震によって倒壊したという例はわずかに二例ほどといわれている。阪神淡路大震災（一九九五年一月）の時も地震で倒壊した多重塔は一つもなかった。兵火、雷火で被災、焼失した堂塔は多いが、地震による倒壊を免れてきたという事実には驚かされる。

現代の高層建築は、地下深く鉄の杭を打ち込み、地震の強大な力に対して、強大な力でもって対抗しようという構図である。それに対して、日本の古建築は力をやりすごし、しのぐという方

備中国分寺（岡山県総社市）の五重塔（重要文化財）。国分寺址の広々とした平地に建つ。周囲の景観を美しく演出する。

清水寺（京都市東山区）の三重塔（重要文化財）。寛永９年（1632）再建。夕日に映るその姿は絶品。

策をもっぱらにしてきていた。その柔らかさが数多の地震に見舞われながら、倒壊を免れてきたという事実につながるのである。

現代の高層建造物は無遠慮に高く、山の稜線をぶった切り、広大な空域に明らかな異物として存在してしまう。しかも現代建築の通例として、陸屋根《ろくやね》に象徴される直線でもって構成されることが多い。なだらかな山並みに高層マンションの直線の屋根がいかに景観を壊しているか、例を挙げるまでもなかろう。

考えて見れば、現代社会は直線であふれている。市街地の道路、高速道路、新幹線の高架橋。みな無駄な曲がりを排して、少しでも速く、少しでも効率良くするために、まっ直ぐな直線で構成される。しかし、直

日本橋（東京都中央区）。現在のものは1911年架設で重要文化財。前回の東京オリンピックの時に交通網整備の名のもと、高速道路がかけられた。

線は高い効率性を有するかもしれないが、人間を甚だしく疲労させる。マラソンで直線コースがほとんどであれば、ランナーのタイムは上がらない。直線コースの自動車道路では事故が多い。これらは直線がいかに人間の生理に合わず、疲弊させているかを物語る。

　直線で形づくられている現代のビル、マンションは、和《なだ》らかな曲線で構成される日本の山並みとは基本的に調和しない。それに対し、日本の古建築がもっていたそりやむくりのある屋根の微妙な曲線は後景の山並みときわめてしっくりし、違和感を全く感じさせない。高さにおいても山の稜線に対して、高からず低からず、ほど良く配合されている。堂塔の建築によって、山も生き、建物も生きるという相乗効果を指摘することができる。五重塔をはじめとする堂塔を建築する時、周辺の環境や背景となる自然景観とどう調和、適合させるか、試行錯誤をくり返した上で建てられているのが、日本の古建築なのである。

　それは借景の思想であるといってよい。借景というと普通、庭園外の遠山や樹木を庭の風景の一部に取り入れる手法と解されているが、借景の思想の根本は人工的な景物《けいぶつ》と自然的な景観をどう調和させ、美しさを創出するかにある。現代の建設の場では、日本古来の借景の思想がないがしろにされてきているのではないか。いささか哀しいことである。

鎌倉時代初め、源顕兼《みなもとのあきかぬ》の著した説話集『古事談《こじだん》』にこんな話がある。

法成寺《はふじやうじ》建立の時、陽明門の大路より南に大門を立てられ、近衛大路を築き籠められたりけり。其の時、大外記頼隆真人、夢想に、陽明門の額、地に落ちたりければ、奇《あや》しみ問ふの処、額が云はく「吾《われ》、東山を望むを以て命と為す。而るに今、大路の末を塞がるるに依りて、地に落つる所なり」と云々。此の夢に依りて、北に寄せらると云々。此の事、経信卿の記に見えたり。（第五・四四）

藤原道長が法成寺を建立した時、南大門を陽明門のある近衛大路より南側に造り、近衛大路を塞いでしまった。ある晩、ある人が陽明門の門額が地上に落下する夢を見た。夢の中で額にそのわけを聞いたところ、「私は東山の姿を望み見ることが大好きだった。ところが今般、門によって道路の先が塞がれてしまったので、がっかりして落ちてしまったのだ」と額が答えた。そこで南大門の場所を北側にずらしたというのである。

もう一つ『古事談』から。奈良時代の孝謙天皇（父は聖武天皇）が西大寺を建立しようとした時、八角七重塔を造ろうとした。これを聞いた左大臣藤原永手は「八角七重塔を造れば国家の財政に負担が大きくなる。四角五重塔で十分である」と進言して、計画を縮小させたという（第五・二八）。この話などは無駄な公共事業に苦しむ現代政治とほとんど変わるところがない。

平安時代の学者、三善清行（八四七～九一八）は延喜十四年（九一四）、醍醐天皇に意見封事十二箇条を建白した。そのなかで、推古天皇以来、仏法興隆のためといって、田園を潰し、寺塔を建てまくる現状を厳しく批難する。「天平」になり、その傾向はますます強まり、

遂に田園を傾けて、多くの大寺を建つ。堂宇の崇《たか》く、仏像の大なること、工巧の妙、荘厳の奇、奇人の製のごとくなるあり、人力の為《しわざ》に非ざるに似たり。（意見封事十二箇条）

と巨大化する寺院、仏像、さらに諸国に建設される国分寺、国分尼寺についても厳しく指弾する。それらの「造作の費、各その国の正税を用ゐたりき。ここに天下の費、十分にして五」と指摘する。建設費は膨大となり、投入される国税は限りを知らず、国家財政、地方財政の十分の五が費やされているという。三善清行の言わんとするところは、ほとんどそのまま日本の現況にもあてはまる。

越後国の国上山《くがみ》。江戸時代、良寛が止住《しじゅう》したところとして有名だが、『今昔物語集』にこんな話が伝わっている。

篤信のある人が山に造塔した。供養の運びとなったが、落雷があって塔は破壊されてしまった。願主はもう一度、造塔したが、これまた落雷に遭い、破壊された。もう一回ということで、願主は塔を造立する。その時、ある僧が雷避けの祈禱をしたところ、目の前に手足を縛られた雷神が墜ちてきた。度々の造塔を妨害するわけを僧が尋ねると、「自分はこの土地の地主神と長い付き合いがあり、地主神が塔を造られることを深く歎いていたので、塔を壊した」というのだった。「地主神はどこかに移転する、もう塔を破壊しない」と雷神は約束し、そのかわり無事に天に帰らせてもらうことになった。塔は建立され、供養することができた。(巻十二・一)

というのである。

同じく『今昔物語集』から。

推古天皇は飛鳥に造寺を計画した。ところがその場所に古くて大きな大槻《おおつき》(ケヤキ)の木があったので、それを伐採することにした。早速、木樵が斧をうち込む。ところが木樵はその場で死んでしまった。代りの木樵がまた斧をうちこむと、その木樵もまた死んでしまい、計画は頓座した。ある僧がそのわけを知りたいと思い、雨の降る夜、槻の木の下で様子をうかがっていると、木の上の方で話声がする。「木は絶対に伐らせない。ただし、これこれの祈りをされたら、我々はもう手出しできない」。これを盗み聞いた僧は朝廷に報告、朝廷は大喜びで祈禱をとりおこなう。すると木は倒れ、無事、寺は建立にこぎつけた。（巻十一・二二）

もちろん木樵の頓死は樹神のなせるわざであった。越後の国上山の地主神、雷神と同じく、人間の新しい造作により、土地の神々や神霊たちが抵抗し、それを阻止しようとしたが、最後は人間側に屈服、妥協するという話である。

『常陸国風土記』（行方郡）にはこんな話が載っている。

麻多智《またち》という男が葦原を開墾して、新田を造ろうとした。その時、夜刀《やと》（谷《やと》）の神は蛇の形となって、麻多智に抵抗した。麻多智は激しく怒り、完全武装の姿で夜刀の神を殺し、追い払ってしまった。麻多智は境界を設け、ここから上は神の領分、ここから下は人間の領分と定め、自ら「祝《はふり》」となって夜刀の神を祀ると約束した。奉祀はながく続いたが、やがて壬生連麿《みぶのむらじまろ》という人物の支配にかわり、池に堤を築こうとした時、夜刀の神は樹上に昇り、動こうとしなかった。連麿は「池の修補は民の生活を思ってのことだ。服従しないものはすべて打ち殺せ」と命令したところ、神たちは移動していった。

国上山の地主神、飛鳥の樹神、はたまた常陸の夜刀の神も、みな土着の自然神であった。その自然神が領ずるところに人間があとから入り、自然神の領域を侵犯するという構造はいずれにも共通している。人間の強引な、暴力的な侵犯に対して土着神たちはしばしば抵抗を試みるものの、やがて力尽き、土着神は敗北、人間の勝利で終わるという結末である。

ダムを造る、道路を造る、空港を造る、トンネルを掘る、干拓する、埋立てする、といった現代の開発事業においても似たような問題が存在する。事業を推進しようとする行政側とそれに反対し、阻止しようとする住民側には解決できない対立があり、しばしこそ住民側は工事の遂行をおしとどめるものの、結局はダムは造られ、トンネルは開通し、干潟は消滅させられていくのが、世の常である。

現代の公共工事の様々な問題と古代の人間と神たちとの争闘はとてもよく似ている。しかし大事な相違点もある。それは自然界の力への評価の違いである。国上山の地主神の意向をうけた雷神は、人間が造った堂塔をいくども破壊した。飛鳥の大槻の木の樹神はたちどころに斧を振った木樵りの命を奪った。自然神の力は強力で絶大であった。だからこそ常陸の麻多智は夜刀の神と交渉し、境界を設け、人と神の棲み分けを諒解させ、しかも夜刀の神の社を造り、自ら「祝」となって、ながく奉祀したのである。

人間が自然を変改することにおいては古代も現代もかわらない。しかし同じ変改するのであっても、古代人は神の怒りを常に心の中に思い描き、神を敬い、神を畏怖していたのだった。神の怒りを買わぬよう、自然への変改もできる限り小さく、必要最小限にとどめようとする意識がいつも働いていた。

しかし自然への畏怖心は今はない。ダムを造るにつけ、トンネルを掘るにつけ、工事を遂行する業者も行政も、神の怒りを心の中に想像しているとはとても思えない。

「自然」の反対語は「人工」である。反対語辞典なるものには、みなそう書いてある。しかし、本当に「自然」の反対語は「人工」なのであろうか。例えば棚田。山の斜面に整地され、耕やされている棚田は明らかに人工的なものである。山の斜面という自然を利用して、人間は人力でもって少しずつ耕し、棚田といわれる風景を作り上げたわけである。自然と人工がうまく調和し、見事な景観を創出させているのである。ここでは自然と人工は反対語などでは決してなく、自然も人工も共存し、共栄しているといってよい。もしもこれに、ブルドーザーのような大型重機で山を削り、整地し、コンクリートの擁壁で固めた農地が出来たら、収益性は上がるかもしれないが、棚田の景観は壊滅する。自然と人工は反対語になってしまうのである。

水車も同じだ。流れ行く川に水車が回り、コトッ、コトッという快い音を立てる。かつて日本のどこにでもあった農村風景であった。川の流れという自然を利用して水車という人工物を設けて、一つの景観を完成させている。水力という自然の動力を使い、人間たちは恩恵をうける。ここでも自然と人工は反対語ではなく、相互に補完し、調和しているといってよい。もしもここに巨大なダムを建設し、動力を得れば、その量は飛躍的に増大するかもしれないが、心を癒す風景は失われてしまう。

棚田にしろ、水車にしろ、自然と調和する範囲で、自然を傷つけない大きさで造られている人工物は、風景を壊さない。壊さないどころか、新しい価値のある風景を創出しているのである。山並みに調和する五重塔もその一つである。後景に広がる山の柔らかな稜線とわずかなそりを見せる五重塔はえもいわれぬ美しい風景を創造している。後景の山々に比して高からず低からず、その絶妙な按配にはほとほと感心する。五重塔という人工構築物は自然の中にあって自然に生かされ、また自然を生かす、稀有な存在といえるのではなかろうか。

五重塔はなぜ美しいのか。その理由を今もう一度、考えてみてはどうだろうか。

［初出：図書（岩波書店）二〇一三年一月号。再録にあたって図版等をあらたに補入した］

【付記】なお本稿は高尾山の自然をまもる市民の会総会（二〇一二年四月十五日　於東浅川保健福祉センター）での講演に基づいて改稿したものです。講演要旨は高尾山の自然をまもる市民の会会報（二〇一二年五月九日　№二八六）に載っています。御併読いただければと思います。

第一章　海浜

親不知、子不知——消えた北陸道の難所

新潟県の南端、一山越えれば富山県という場所に位置する親不知《おやしらず》・子不知《こしらず》の海岸は、かつて北陸道を往き来する旅人にとって、きわめて嶮岨な断崖がそそり立つ最大の難所であった。

古く鎌倉時代、三代将軍源実朝の死去にともなって、鎌倉幕府を打倒し公家勢力の回復を狙った後鳥羽上皇は、討幕の兵を挙げたがもろくも失敗し、上皇の隠岐島への配流という結末によって、事の決着を見た。これを世に承久《じょうきゅう》の乱というが、この時幕府方の執権北条義時は、東海道、東山道、北陸道の三方から一九万騎の大軍で京へ攻め上る戦略をとった。その中で北陸道の司令長官の任にあった義時の子朝時は、京に向かう道筋の中でこの親不知一帯がその行軍をはばむ難所であることに頭を悩ませていた。その模様を伝える『承久記』には、

越中・越後の境界の蒲原（親不知の別称）という辺りは、岸が高く人馬も通行が難しく、荒磯でもあり風が烈しい時は船も思うに任せない。岸伝いの道も馬を五騎十騎と並べ

て通る事もできず、僅かに一騎が通れるだけである。(原漢文)

と、その通行険しき難所ぶりが記されている。

降って室町時代の漢詩人であった京都の相国寺《しょうこくじ》僧万里集九《ばんりしゅうく》も、ここを通過した時、やはりその嶮岨な様を、

親不知、子不知の海岸が嶮しいことは聞いて知ってはいたのだが、波が迂回するのを待って走り過ぎ、波が岸を崩さんばかりにあたっても固い岩はそば立っているばかりだ。(原漢文)

と記したのち、ここをなぜ親不知、子不知と呼ぶかというと、ここを過ぎるのに親も子も(自分のこと以外に気を配る余裕もないために)おたがいに知り合いなどではなくなるからだと説明し、ここは我が国第一の嶮難な場所で、自分も今日足をすりむいてしまった、と書き付けている。

さらに降って江戸時代、あの松尾芭蕉も『奥の細道』の旅の途中にここを通り、

今日は親不知、子不知、犬もどり、駒返しなどという北国随一の難所を越えたので疲れたため、早く床に着いた。

A：断崖絶壁がそそり立つ江戸時代の親不知

B：断崖を一部掘割して、国道８号が通る

C：同上

と書き記している。

こうしてこの親不知一帯は、北陸道を旅する人々にとって、最も困難な通過点として知られるに至ったが、それは一方で自然の圧倒的な力を見せつけられる場所としても、また全く手つかずの自然景観が残される場所としても意識されていくことになった。

江戸時代後期の絵師淵上旭江《ふちがみきょっこう》は、全国の名所を訪ねてスケッチを重ね、それを『山水奇観』という画帖にまとめたが、それにもこの親不知は、北陸道の名所・景観として活写されている（図

A）。自然の造り出す景観の妙と言うべきであろう。絵の中には波の引く間隙をぬって、そそり立つ崖の下を岸伝いに　通り過ぎる旅人の姿が描かれている。

私がここを初めて訪れたのは、一九九四年秋のことであった。その頃すでに国道がこの辺りを通り、だいぶ景観上の損傷も認められたが、それでもまだ往昔の面影を偲ぶことはできた（図B、C）。

ところがそれから約十年後、二〇〇五年秋に訪れた時、その景観の変貌ぶりに、私は自分の目を疑った。いったいここがあの親不知海岸なのか（図D）。

D：高速道路が海岸線を埋め尽くす

E：海岸で無残に散り砕かれる護岸用ブロック

言うまでもない。高速道路の北陸自動車道の開通である。図Cと図Dはほとんど同じ地点からの眺望だと思われる。ここにはもはや親不知の古い面影はない。人を圧するような自然の景観の持つ驚異的な力は、もはやそこにはない。そしてひとたび海に目を転じれば、日本海の荒波に砕けるコンクリートの防波ブロックが目に飛び込んでくる（図E）。それらは自然の力とは比べようもない人間の力のもろさを暗示してもいるようだ。自然や美しい景観への敬虔な気持を忘れ、やりたい放題に自然を傷つけ続ける人間が、いずれどうなるのかを、これらのコンクリートの破片が物語っているように思われる。

通行困難な場所を克服したことの代償は、余りにも大きかったと言わざるを得ない。

（川村晃生）

［初出：高尾山の自然をまもる市民の会会報　二〇一〇年六月九日　No.二六三］

九十九里浜――ヘッドランドに侵蝕される砂浜

千葉県の外房海岸の刑部岬《ぎょうぶ》から太東崎《たいとう》に至る約六〇㎞の砂浜は、一里を六町とした時代の計算で百里に近いということから、九十九里浜と呼ばれるようになったと伝えられている。そして三千年以来の陸地化で、この砂浜は後背に三〇本の砂丘列を擁し、その幅は五～一〇㎞にも及んでいる。それは鳥取砂丘や新潟砂丘、あるいは浜松の中田島砂丘と並んで、わが国有数の大砂丘を形造っているといってよいだろう。

ところがこの九十九里浜も、ここしばらくの間波の浸食によって海岸線が衰退し続けている。波の浸食といっても、それは太古の昔から続いているのだから、正確にいえばそれは、波の浸食を受けてもそれに余るほどにあった砂の補給がなくなったために、波の浸食を受けているということに他ならない。では、その砂の補給がなぜストップしたのかといえば、全国的にほぼ同じことがいえるのだが、二つの大きな理由がある。一つは砂を海に送り込む河川にダムやコンクリートの護岸工事を施したり、河川から砂利をコンクリート用に収奪したためであり、一つは海岸に人工的に突堤などを設けて漁港や産業用の港を造成したためである。この九十九里浜では、一九六〇年代以後、南北両端の太東崎と屏風ヶ浦の崖の全面に消波堤を築いたのだが、それによって砂が供給されなくなり、また供給されても港の突堤などによって砂が流れなくなってしまったのである。

さてこの九十九里浜の中でも、その南端に位置する一宮海岸は、豊かな砂浜と打ち寄せる白波とが多くの海水浴客をここに呼び込み、またあわせてサーフィンのメッカともなって、その季節になるとひとしおの賑わいを見せている。しかし、実はここも、例に漏れず海岸の砂浜が衰退し続けているのだ。

その原因は、太東崎の漁港の造成が主たる理由のようだが、こうしたケースでは、海中にコンクリートブロックを並べて砂を洗う波の力を弱める方法を通常とするにもかかわらず、千葉県はここにヘッドランドを築造するという方法をとった。ヘッドランドとは、図Aのように海岸と直角にT字型の人工構築物を造成する方法で、私がこれを初めて目撃したのは、十年ほど前であったろうか、茨城県の鹿島灘を歩いていた時のことであった。その時の何とも言えぬ醜悪で不気味な違和感、それは海浜の自然景観を冒瀆し陵辱するような感覚であったが、それを時折思い出して、あれはいったい何のためであったのかと訝しく思っていた。それがこの一宮海岸のことを耳にして、浸食対策のためであったとようやく分かったのである。そして、一宮海岸では、千葉県によって図Bのように一〇基のヘッドランド計画が進められているのである。

ではこの方法によって砂浜の浸食が止まったのかといえば、決して良好な結果は得られていないのである。現実には突堤の縦部分（海岸と直角に造られた突堤）に砂が付くことはあっても、浜自体の再生にはほとんど役立っていない。それどころか浸食を促進するともいわれているのだ。しかもこのヘッドランド内で新たに発生する離岸流によって、遊泳中の事故が鹿島灘で発生し始めている。千葉県もそれを危ぶんで、図Cの看板を設置して注意を呼びかけているが、海水浴客やサーファーたちが安心して遊ぶことのできないような海辺にしておいて、いったい何のための浸食対策なのであろうか。

A：海岸部から見た５号ヘッドランド

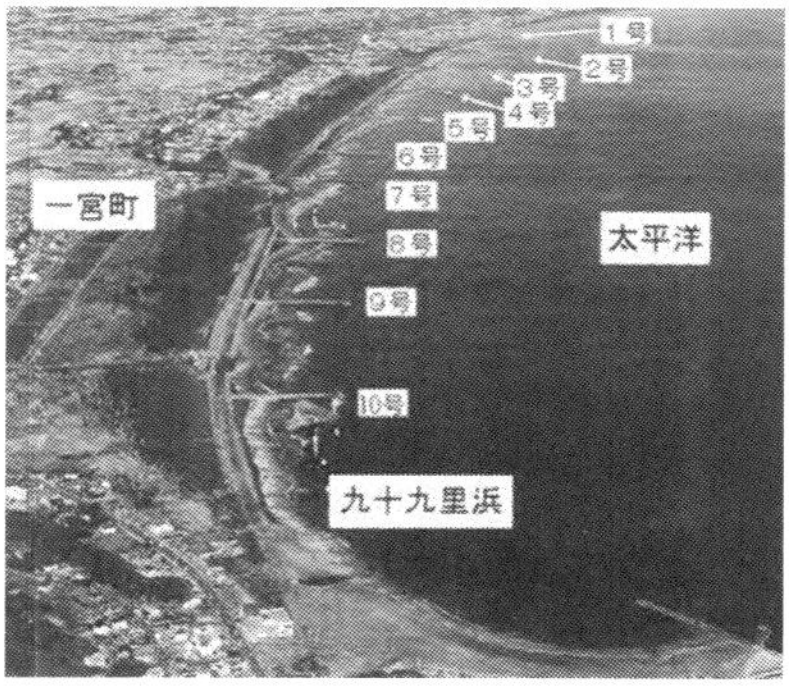

B：ヘッドランドを空から一望する。
千葉県のホームページより

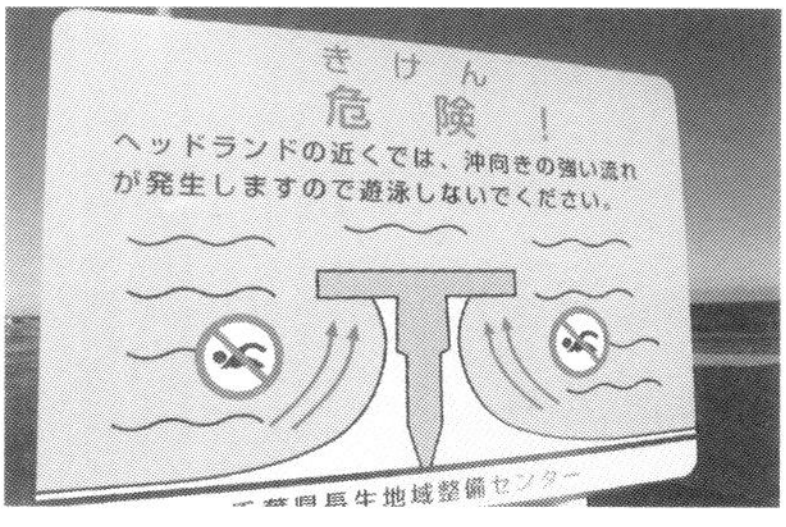

C：遊泳禁止を促す看板

D：設置された蛇籠。砂浜の分断には役立つ

E：砂浜に残るアカウミガメの軌跡

　ところで、この一宮海岸では、浸食対策のもう一つの方法として、砂浜に蜿蜒《えんえん》と蛇籠《じゃかご》を設置している（図D）。そしてこれによってまた別の問題が発生してしまった。実は一宮海岸は、古くからアカウミガメの産卵地として知られる所であった。秋山章男元東邦大学教授の調査によれば、アカウミガメの上陸数が一九九四年以降の統計でも年を追って減っている。それは常識的に考えれば、ヘッドランドの築造と無縁ではあるまいが、蛇籠の設置はいっそうアカウミガメの上陸、産卵を困難にしている。図Eをご覧願いたい。アカウミガメが蛇籠に行く手を阻まれて、産卵場所を求めながら蛇籠伝いにさまよい歩いた軌跡である。この時アカウミガメは、どこかで産卵できたのだろうか。

　ほんとうに砂浜の回復に役立つかどうか分からないままに、モデルケースとして一〇基のヘッドランドの築造にとりかかり、一宮海岸の美しい自然景観を完膚なきまでに破壊したばかりか、生態系にとって、決定的な破壊要因となる蛇籠を蜿蜒と設置するような方法が、はたして健全な浸食対策といえるであろうか。しかもヘッドランドには、一基につき約三〇億円もの税金が投入されるという。

臭いものにはいくら蓋をしても駄目なのである。臭いものはその元を断たねば、いつまでもなくならない。日本の海岸線対策は、ずっと蓋をする方式でやってきた。しかしこの小手先の方法では、海岸線の回復を見込めないことが明らかになりつつある。私たちはそろそろその元を断つ方法を考え始めねばならない。ダムや河川の護岸工事、港湾化事業など、すでに原因ははっきりしているのだ。アメリカやヨーロッパではとうにダムの撤去や河川の自然化が始まっている。海を愛する人も海に生きるアカウミガメも、ともに喜べるような浸食対策を考え、実行に移し始めねばなるまい。

（川村晃生）

［初出：高尾山の自然をまもる市民の会会報　二〇一〇年九月十五日　№二六六］

御宿海岸——失われた「月の砂漠」の詩情

月の砂漠を　はるばると
旅の駱駝《らくだ》が　ゆきました
金と銀との　鞍おいて
二つならんで　ゆきました

金の鞍には　銀の甕《かめ》
銀の鞍には　金の甕
二つの甕は　それぞれに
紐で結んで　ありました

子どもの頃に口遊《くちずさ》んだ童謡の中でも、この「月の砂漠」はひときわ心の中に浸みとおるものだったように思われる。だからこの歌をのちのち懐かしく思い起こす人も少なくないだろう。月光が照らす砂漠を、二頭の駱駝が行く。

　さきの鞍には　王子さま
　あとの鞍には　お姫さま
　乗った二人は　おそろいの
　白い上着を　着てました

二頭の駱駝に乗った二人は、王子様とお姫様であった。駱駝、王子様、お姫様という異国情緒を漂わせながら、二人の旅のありさまが寂しく語られる。

　広い砂漠を　ひとすぢに
　二人はどこへ　ゆくんでしょう
　朧《おぼろ》にけぶる月の夜を
　対の駱駝は　とぼとぼと
　砂丘を越えて　ゆきました
　黙って越えて　ゆきました

A：加藤まさをの肉筆の「月の砂漠」図

二人の旅は行く先もあてもない旅なのである。無窮の空に浮ぶ月の光のもと、広大な砂漠をとぼとぼと歩いていく王子様とお姫様に、日本中の少年と少女は自らをそれに託して、夢の世界に遊んだはずである。

作詞者加藤まさをは、一八九七年（明治三十）静岡県藤枝市に生まれた。生来病弱であった加藤は、子どもの頃、外遊びよりも家に籠って絵を描くことに熱中したという。詩人であり叙情画家でもあった加藤の才は、すでに幼少時から芽生えていたのであった。

その加藤が青年時、病気の療養のためにスケッチ箱を抱えて房総半島の御宿《おんじゅく》にやってきた。この御宿（千葉県夷隅郡御宿町）は九十九里浜の南に位置する温暖な地で、今は海水浴場として夏場にはたくさんの人出で賑わうが、当時は「ずっとずっと寂《しず》かな美しい漁村」で、「小麦色の広い柔らかい砂浜には、砂丘が幾重にも起伏して、その背中には牛が繋がれて臥《ね》そべったり草を食ったりしていた」（加藤まさを）という牧歌的な情景であった。

その御宿海岸での毎夏の体験が、のちに「月の砂漠」を夢想するきっかけとなった。加藤が夏の御宿海岸で出会った内山保少年に、後年加藤は手紙で「『月の砂漠』の詩が、御宿の砂丘で得た

B：御宿海岸の「月の砂漠」の記念像。竹田京一作

幻想であること」を告白している。その加藤が幻視した月の砂漠は、図Aに掲げた彼自身の手になる画（昭和四十四）のような情景であったが、その内山少年との旧交の復活が、御宿海岸の砂丘に「月の砂漠」像を建立する話に展開していった。それは当時、夏場になるとやって来る都会の青少年の乱行を見習う子どもたちに手が負えなくなって、彼らのための情操教育の一環として「月の砂漠」像を建て、汚染された童心を詩の持つ叙情味《リリシズム》で洗い浄めようという意図であったらしい。そして一九六九年（昭和四十四）、彫刻家竹田京一の手によって、図Bに見るような「月の砂漠」記念像が完成、建立された。除幕式の日、加藤は御宿の町の人たちの優しさと美しい海のおかげで、毎夏この御宿を訪れることになり、そして「月の砂漠」の

C：王子様とお姫様はマンションを背負い、砂漠のイメージとはほど遠い

D：林立する御宿海岸のマンション群

詩ができたことに対して、心からの感謝を述べている。温かい人情と美しい景観は、時として永遠に語り継がれることになる詩や夢やドラマを生み出すのだ。

だがこの「月の砂漠」を生んだ御宿海岸も、かつての穏やかな風景が失われ、大きく変貌してしまった。実は「月の砂漠」像の方からひとたび振り返って陸地側に目を転じると、図Cのような巨大なマンションがその背景を造り彩ってしまっている。それも一つや二つではない。図Dに見るように、いくつものマンションが群立しているのである。これらのマンションというコンクリートの高層建築物の乱立を背景にして、はたして「月の砂漠」のファンタジックなストーリーは、詩として成立するだろうか。或いは加藤がもしここを病気の療養に訪れたとしたら、はたして「月の砂漠」の物語を夢想し着想し得ただろうか。月光に照らされる王子様とお姫様は、夜の闇の中で月の淡い光によって照らし出されることによって生きるのであろう。しかし夜更けて、マンションの窓々から放射される生活灯の光は、そうした夢

E：熱川温泉のホテル群。海岸線の景観は昔日の面影をとどめない。

幻の世界を一蹴し、ただの生活の日常を照らし出すにとどまるにちがいない。そして夜が明けてもなお、マンション群は依然として御宿海岸の優しい自然景観とは融け合わぬまま、そこに屹立し続けるのである。

実際、形状・彩りともに豊かな日本の海岸線は、人間がそこを利用する都合が常に優先されて、景観や生態系は二の次にされ衰退の一途を辿っている。その代表的なものは、コンクリートブロックや防潮堤のような、コンクリートの人工的構築物だが、もう一つ指摘できるのがこうした海岸線における住居の問題である。マンションだけではない。ホテルなどの観光施設も同様である。図Eは伊豆半島の温泉観光地の熱川だが、海岸沿いにホテルが林立し、海辺の風景は決して美しいとは言えないのである。そしてこうした施設を擁した観光地が、日本のあちらこちらに点在する。自然が作り上げる美しい景観あっての観光地であるはずなのだが、その景観を犠牲にして観光を企てようとする矛盾が生じている。

なるほどこれらのマンションやホテルの窓から海を一望すれば、雄大な風景を眼の中に収めることができるであろう。しかし美景を手に入れることのできる装置そのものが、美景を損ねているということも自覚されねばならない。美しい風景を楽しむ時、それが美しい風景の破壊の原因ともなっていることに、私たちはそろそろ気付かねばならない時を迎えているのではないだろうか。

海岸線に限らないが、美しい風景の中に何らかの建築物を作ろうとする時、その風景の中での収まり具合、つまり海岸線で言えば海や浜辺からの距離といった位置や、高さや彩りという課題を、そこに住む人々や利用する人々の間で真摯に議論し、最終的には景観条例のような法的な整備を見据えて、今後改善を図っていく必要があるであろう。見る側からだけで物差しを使うのはやめよう。見る側と見られる側の調和をはかり一致点を見出す、それが知恵であり豊かさというものだ。

（川村晃生）

〈参考文献〉『加藤まさを叙情詩画集』（加藤まさを、月の砂漠記念館、平成九）

［初出：高尾山の自然をまもる市民の会会報　二〇一一年五月十一日　№二七四］

原子力発電所——破壊された祈りの場

福島原発の事故発生以来、人々の関心が全国に散在する五四基の原子力発電所に集まり始め、一方また今後の日本の原発政策についても人々の間で議論が活発化し始めている。

そのわけは、簡単に言えば原発は爆発したり事故を起こしたりすると危険だからだということなのだろうが、言うまでもなく原発はそうした事態に陥らなくても、受け入れてはならないものなのである。なぜなら、たとえばほぼ永久的に残り続ける放射性廃棄物や、どうしても必要とされる被曝労働者の問題など、環境的にも人権的にも乗り越えることができない、いくつもの重い課題を、原発は本質的にその内部に抱え込んでいるからである。

だがここではそのほかの、これまであまり論じられたことのない観点から、原発の負の側面をとりあげてみたい。それは原発立地の景観破壊の問題である。日本の原発は水冷式を採用しているので、必然的に海岸線に建てられることになる。いま日本の海岸は、砂浜と磯とを問わず、自然形状を残している所は五割を切り壊滅的な状態に陥りつつある。戦後の経済成長中心主義の路

A：もんじゅ。運転休止中だが、このまま廃炉そして撤去へと進んでほしい。

B：美浜原発。手前の海で海水浴を楽しむ人たちがいる。

C：高浜原発。地形的に原発の全景をかなりはっきりと捉えられる所だ。

線のもと、海岸にはコンビナート工場群が集中し、またダムや砂利採取の影響による海浜の衰退を防ぐため多数のコンクリートブロックが設置され、日本の海岸線はどんどん人工化してその深刻度を増していった。だが原発もその一翼を担っているということはわりあい忘れられがちである。

たとえば若狭の原発群を見てみよう。若狭には、敦賀に二基と「もんじゅ」「ふげん」、美浜に三基、大飯に四基、高浜に四基と、一五基の原発が並ぶまさに原発銀座である。その原発が立ち並ぶ若狭湾の海岸は、五つの半島が海に突き出して、浜あり磯ありの、木々の緑と青い海とが映発し合う、地形的にも色彩的にも美しい景観を誇示している場所で、まことに若狭国定公園に指定されるにふさわしい地だ。

そこに原発が次々と建てられたのである。図を見ていただきたい。Aは「もんじゅ」である。Bは美浜原発である。Cは高浜原発である。Dは高浜原発の取水口である。これらの図を見ながら、頭の中で原発を取り除いた風景を思い描いてみていただきたい。さすれば原発という人工物がいかに海岸線の風景を壊しているか、たやすく想像できるであろう。つまり原発は、それが稼働するかしないかということ以前に、存在そのものがすでに醜悪なのである。

D：高浜原発取水口。取水口が間近で見られる珍しい場所。

E：阿弥陀見の浜。美しい白い礫浜だったが、今はもう見られない。

さて、以上のような状況を前提にして、そうした現代における景観破壊が人間の精神や文化の問題として、どのような意味を持ち、どのような警告を私たちに発しているのかということを考えてみたい。

たとえば敦賀原発は敦賀半島の先端に位置し、一、二号機に続いて三、四号機の建設が予定されているが、その立地予定地は阿弥陀見の浜と呼ばれる美しい礫浜であった（図E）。昔この浜に阿弥陀如来が流れ着き、立石浦《たていしうら》の海安寺《かいあんじ》の本尊として祀られたという伝承が伝えられている。海安寺という名称から推測すれば、航海や漁労の安全を祈る目的から建立されたのかもしれない。しかしその阿弥陀見の浜は、最近三、四号機の建設のために埋め立てられ、ほぼ消滅してしまった。未だ原発の建設には至っていないが、つまりかつて信仰の場とも言うべき宗教的聖地であった場所が、原発という人工的施設の建設のために埋め立てられ壊されてしまったということになる。私はこうした場の変形の問題を、上関原発建設における祝島を例として「生命リアリズムの喪失」という観点から論じたことがある。ご関心のある方は、『芸文研究』（九五号、二〇〇八年十二月、慶應義塾大学芸文学会）に収められる「祝島から仙崎へ――〈文学〉から〈近代〉を問う旅――」という文章をご一読願いたいが、信仰の場に原発を建てるという考え方は、きわめて近現代的な思想で、かつての日本人の生き方や思想と鮮やかな対照を示していると言えよう。つづめて言えば、それは宗教や文化、さらには命を足蹴にしても恥じないという思想と言っていい。

さて敦賀半島に向かい合う形で、西側に常神《つねかみ》半島が若狭湾に突き出している。ここは常神半島という名の由来となった常神神社という神功皇后を祀った神社を擁し、半島先端の向いには、一時、常神社が移徙《いし》したという御神島《おんかみ》が海に浮ぶ。すなわちこの一帯は、東の敦賀半島に阿弥陀見の浜という仏教信仰上の要地があり、西には常神半島という神道信仰上の要地があるのであって、全体に宗教的な聖地という趣をたたえた場であったと言うことができよう。そしてその聖地の一角に、日本原子力発電（株）と関西電力（株）によって原発が設置され、なお増設されようとしているということだ。そしてそれは、その聖地の景観をみごとなまでに破壊してしまったのである。

さて、ではなぜ敦賀半島の先端と常神半島の先端が聖地に選ばれたのであろうか。それは海の彼方をさまざまな意味で憧憬した、古来の日本人の宗教的心性によるのかもしれないが、それより何よりそこが美しい所であるという最も基幹となる条件が備わっていたからではなかろうか。美しいからこそ宗教的聖地になることができ、美しくなければ宗教的聖地になることはできないという原則が、古くから日本人の心性の中にでき上がっていたのであろう。それは天の橋立におけるイザナギノミコト伝説を思い起こせば事足りる。

美しい景観は、信仰の発生とも結びつく、人間の生に関わる大切な要件なのであった。そして、そうした美しい景観を壊しつづけてきたのがこの国の近代社会であり、この国の人々の生き方だったのである。原発もいわばその破壊に力を貸したということだ。美醜のわきまえがなくなった国に、未来があろうはずもない。

（川村晃生）

［初出：高尾山の自然をまもる市民の会会報　二〇一一年十月十九日　№二七九］

田子の浦——コンクリートの柱が林立する海

田子の浦ゆうち出でて見れば真白にそ
富士の高嶺に雪は降りける

山部赤人

富士山を詠んだ歌の中で、最もよく知られた歌である。『万葉集』（巻三）に収めるが、『新古今集』や、『百人一首』にもやや形を変えて採られて人口に膾炙《かいしゃ》した。

歌の意味はこうだ。田子の浦を通って（富士山の見える所に）出てみると、真っ白に富士の高嶺に雪が降り積っていることだなあ。

初句「田子の浦ゆ」の「ゆ」は、ある地点を通過する意味を示すから、田子の浦を通ってという意味になるのだが、『百人一首』などでは「田子の浦に」となっているから、「田子の浦の地に出て富士山を眺望すると」の意となり、やや歌意が変ってしまうところがいささかややこしい。

いま田子の浦と言えば、製紙工場が立ち並び、一時は公害問題で日本全国に知れ渡った静岡県富士市の田子の浦港のあたりを指すから富士川の東岸ということになるが、古くは富士川の西岸の蒲原《かんばら》町、由比《ゆい》町、清水市（現静岡市清水区）、興津《おきつ》の一帯を指していたらしい。この辺りは東海道の難所の一つであった薩埵《さった》山《やま》やその他の山が海岸に迫っていて、道行く人々は切り立った断崖の下を行ったために眺望の開けぬ中を歩き続けていたのだが、その障壁から一転して眼前の風景が開けた時、真正面に富士山が聳えていたのだ。だからその驚きは尋常ではなかったであろう。その後、薩埵山の中を抜ける道ができて、いまはその道がハイキングコースになっているが、その山道でも事情は同じで、山中を歩いていると急に眺望が開け、真正面に富士山が望める地点がある。図Aをご覧願いたい。そこはいまハイカーたちのビューポイントになっていて、そこでリュックを下ろししばしの憩いをとるのである。もし赤人の見た富士山を想像するのであれば、ただ視点を海岸線まで下ろすだけで事足りよう。

ところでA図の右下をご覧願いたい。道路が見える。言うまでもない、東名高速道路である。私は東海道線や新幹線に乗ってこのあたりの海の眺めを楽しんでいた時、海にせり出して海を串刺しにしているコンクリートの柱の林立する姿に、いつも異和感と不気味さを覚え自然が冒瀆《ぼうとく》されているという思いを強くしていた。そのいつも見る車窓の風景とは、たとえば図Bのようなものである。巨大なコンクリートの柱が海中に建てられ、その上に道路が冠《かぶ》さっているものだ。それをたとえば薩埵山から下に望めば、図Cのようになる。思い起こしていただきたい。私はこの景観破壊の最初のルポを新潟県の親不知海岸（三〇頁参照）に取材したが、その親不知海岸はこれと全く同様に、北陸自動車道の開通によって、修復不能なほど景観の損壊を蒙っていた。しかしそれと同じ状況が、すでにこの由比の地で起こっていたのである。つまり親不知海岸の景観破壊の先例はいち早くこの由比の地に求められるのであり、それは一九六一年の東名高速道路の開通時に始まっていたのである。

しかも偶然のことながら、古く由比の薩埵山の断崖は、その通過する危険さから「親しらず子

A：薩埵山中腹からの眺望。遠景に富士山、近景に高速道路の図。

B：海中に林立する巨大なコンクリート柱が、無残な海浜の景に化す。

C：眼下の高速道路が、山部赤人への想像力を消し去る。

しらず」と呼ばれていたのである。新潟の「親しらず子しらず」に倣《なら》ったのであろう。つまり北の親不知も南の親不知も、いずれも高速道路の開通によって古来の美景が失われ消失してしまったのである。高速道路を通すためならば、海岸の風景など何のその、この素晴らしい土木技術の粋を見よと言わんばかりの風景である。実に高度経済成長という、経済（金）と利便性一点張りの価値観に支配された姿がよく分かる風景だ。そこには自然景観への眼差しはいっさい排除され、自然を食いものにするわが物顔の人間の欲望だけがむき出しにされていると言っていいだろう。

さて図Dをご覧いただきたい。由比の隣の蒲原の絵図である。広重の東海道五十三次の絵図の中でも珍しい雪景で、温暖な該地からすれば広重の想像上の産物かとも思われるが、そこに漂う詩情は、広重の作品中の最高傑作と言わしめるにふさわしい。しかもその詩情は単に自然美によって醸し出されているのではなく、生活に裏打ちされたものであることに、私たちは注意せねばならない。寒い中を菅笠、傘、蓑などで雪を凌《しの》ぎながら、歩くこと以外に移動のすべを持たない生活、決して立派とは言えない小さく質素な木造の家、それらは蕪村の「月天心貧しき町を通りけり」に通うもので、そこには人々のささやかな生活の風景が写し取られている。だがそれは、由比の富士の絵図Eと無関

D：寒々とした雪の中を人が往来し、静かで寂しい詩情が漂う。（東京国立博物館蔵、便利堂発行）

係ではないと思うのだ。つまり由比の自然景観は、蒲原の生活景観があってこそ成り立っているのではあるまいか。言い換えれば簡素な暮らしで足ることを知っていた人々や社会であってこそ、はじめて由比の絵図の景観を維持できたにちがいないのである。景観とは人の生き方の反映であるということは、こういうことなのだ。

そしてこの蒲原の絵図の生活風景の反転したものが、図A〜Cの高速道路だと言っていい。だから景観の修復と言うのであれば、それは私たちの生きることへの問い直しから始まらねばならないということになる。はたして私たちにその覚悟があるのだろうか。

（川村晃生）

［初出：高尾山の自然をまもる市民の会会報　二〇一一年三月十四日　No.二八四］

E：松と白帆の舟と遠景の富士が絶妙なバランスで風景を形造る。（東京国立博物館蔵、便利堂発行）

第二章　山野

鬼泪山——伝説の山が消える

房総半島の内房側のほぼ中央に位置して東京湾に面する、千葉県富津市から君津市にかけての一帯は、日本一の山砂の生産地として、これまで羽田空港や東京ディズニーランドの埋め立て、また高層ビル群のコンクリート骨材などに、多量の砂を供給してきた。

この辺りは、君津市の旧市宿村の名に因む市宿《いちじゅく》層という、約六五〜七五万年前に海底に積もった砂の層から成り、二〇〇〜四〇〇mの厚さをもって、浅間《せんげん》山、鬼泪《きなだ》山、鹿野《かのう》山などを頂点とする丘陵地帯を形成してきたが、上記のような開発事業のために山砂は掘り取られ続け、数十年間の掘削の結果、浅間山は一億三〇〇〇万㎥の砂を提供して、いまや跡形もなく消失してしまった。そのため図Aに見るように、山上に祀られていた浅間神社は、いま平地に下ろされて信仰の歴史に大きな傷跡を残してしまったのである。そして事態はいま、浅間山の跡地から隣の鬼泪山へと、魔の手が伸びようとしている。図Bをご覧頂きたい。手前の平地部分が浅間山の掘削された跡である。そして一部分、鬼泪山に掘削の手が及んでいる様が見て取れるであろう。

A：山のふもとに下りた浅間神社。開発が信仰にまさったということだ。

B：浅間山跡地から鬼泪山を望む

浅間山の経験に懲りた地元の住民は、鬼泪山を守るための団体を複数立ち上げ、協力して掘削に反対の声を上げ始めたが、その理由や根拠には首肯される点が多い。

当然のことながら鬼泪山が消失すれば、一帯の自然景観は一変し、市民にとって馴染み深い起伏に富んだ風景が失われて、単調な日常の風景の中で生活を送っていかざるを得なくなるわけであり、一方、鬼泪山の森林がもたらす清浄な空気や森林ウォーク・森林浴といった自然からの恩恵も完全に失われてしまうであろう。或いはまた、鬼泪山がなくなれば、周辺の気候に大きな変化が生じる可能性が十分にあることも指摘されている。それは浅間山がなくなって、内房線の運行に支障を来たすような突風が発生したり、地域一帯の降水量の減少といった気候変化を、住民が肌で実感していることと深く関わっている。人々はそれをすでに経験知として持っているのであり、それに基づいて鬼泪山の消失による次の気候変化を予測しているのである。

しかしそれだけではない。鬼泪山がなくなれば、富津一帯の水道水や灌漑用水に大きな打撃が加えられることが、きわめて蓋然性の高いものとして考えられるのだ。それは鬼泪山が地域の水源地として実に重要な役割を担っていることや、また地域一帯の水の歴史と長くて深い関係を持っていることを考慮に入れねばならない。そのことを少し説明しよう。

鬼泪山を構成する市宿層は水を良く透す層で、森林が多いこともあるが、下に水を透しにくい梅ケ瀬《うめがせ》層や国本《こくもと》層があって、水を多く貯め込んでいる。そしてその市宿層が浸蝕された沢筋などが帯水層にぶつかると、水があふれ出して湧水池となる。現在も関山湧水（図C）や仲手沢湧水など、豊富な水量を生み出している湧水池があるが、こうした湧水池でなくとも、地域の人々は井戸を掘って、涸れることのない自噴水を使って暮らしを立てている。実際町を歩けば、至る所に井戸が掘られて、この鬼泪山一帯が清浄で豊かな水の恩恵に浴していることがよく分かる。この自噴井戸を地元では上総掘りと呼んでいるが、こうした豊かな水は古くから有効に利用され、佐貫城内（三の丸）を通って文政五年（一八二二）に完成した関山用水は、今なお通水して健全である（図D）。

こうした状況に鑑みれば、鬼泪山の消失は富津市一帯の水とその歴史や文化の消失を意味すると言ってもよいだろう。そしてそのことは富津市民の生活に劇的な変化を強いるにちがいない。

C：関山湧水池。いまもこんこんと水が湧いている。

D：江戸時代から通水している関山用水。歴史を感じさせる水路だ。

鬼泪山という奇異な名称は、昔この地域を支配していたアクル王が東征してきた日本武尊に征討され、王（鬼）が涙を流して哀れみを乞うたことから付けられた、という伝承による。或いは血の涙を流しながら謝ったので、血泪《ちなだ》山が訛って鬼泪山となった、とも伝えられている。真偽はともかくとして、この地がそうした古い伝承を抱えていることだけは、重んじられなければならないだろう。

或いはまた鬼泪山には、棄老伝説が残されている。棄老伝説は長野県更埴市にある姥捨山のものが有名だが、日本各地に伝えられており、ここ鬼泪山のものは、自分の次に棄てられることになる息子たちのことを慮った父親の言動に心を動かされた息子たちが、父親を連れて帰るという筋立てになっている。

アクル王といい棄老伝説といい、この鬼泪山は古伝承をいくつも抱えて文化を貯えてきた地でもあるのだ。従って鬼泪山の消失は、水のみならず文化の消失でもあると言っていい。

千葉県知事森田健作氏は、知事選挙時の公開質問に対して、鬼泪山の山砂の採取については反対である旨を回答しているが、はたしてその約束は守られるのであろうか。鬼泪山の掘削問題は、水と文化の重さと目先の経済的利益の重さという、二つの価値観のいずれを選別するかといったすぐれて知性的な問題でもあると言っていいだろう。そしてまた山一つが消えてなくなるという、自然を恐れぬそれへの冒瀆がいまなおまかりとおるということが、環境の世紀と言われる二一世紀に入ってもなお、許されてよいのだろうか。

（川村晃生）

［初出：高尾山の自然をまもる市民の会会報　二〇一〇年十二月八日　№二六九］

伊豆半島——知られざる巨大風車による受難

三月十一日に福島第一原発事故が起こって以来、自然エネルギーへの転換が現実問題として声高に叫ばれ始めている。わが家でも、できるだけ電力会社への料金支払いを減らしたいという思いで、個人の家としては珍しいと思うが、小型風力発電機を入れてみた。実は十年ほど前から、もっと小型の風力と太陽光を組み合わせて、私の仕事部屋の灯りだけは自然エネルギーで賄ってきたのだが、それをもう少し本格的に試してみようと思ったのである（図A）。

風力発電は太陽光発電と違って、その機材を廃棄する時、ゴミとなるものが圧倒的に少ないという利点はあるが、電力の供給がきわめて不安定であり、またいささかの騒音が発生

A：拙宅の風力発電２基。右が新設のもの。手前の球形の門灯も太陽光発電で、タイマー付照明になっている

B：熱川天目山の風力発電10基。手前の送電線とともに山容が痛々しい

するという欠点がある。それも小型のものだから大したことはないが、しかし大型風力発電となると話は全く別である。

先般私は、伊豆半島の風力発電の状況を見てまわったが、それが抱える問題の多さに驚いた。いま伊豆半島は東伊豆の熱川を中心として一三基、南伊豆の石廊崎を中心として一九基が運転しており、またかつてはそれが西伊豆にも及びそうな勢いであったのだが、静岡県知事の交替に伴ってそちらは当面凍結されることになった。

さて、大型風力発電が抱える問題の一つは景観破壊である。図Bは熱川天目山一〇基の写真である。山の尾根筋に林立する風車が、山容の自然と景観を壊し、無秩序な風景、自然と人工が対立する風景を作り上げていることが分かるであろう。しかもそれは、それを作るために新たな道路を造成し、かなりの森林を伐採して設置されている。図Cは風車が強風などで壊れて残骸を横たえている現場だが、設置するためにどれほどの広さが必要か一目瞭然である。加えて森が伐られ、新たな人工物が造られれば、そこを生活圏とする多くの生物種はどんどん減り、生態系は貧しくなる。おまけに鳥にとっては、風車に巻き込まれて命を失うバードストライクという悲しい運命すら待っている。図Dは私が風車の下に立っている写真だが、一m七〇cmほどの私は風車から見れば芥子粒のようなものだ。定格出力一五〇〇kWで、最長の高さは一〇〇m、だいたい三十数階建ての

C：こわれた発電装置。破壊された森林の面積が生々しい

D：人物と比べて風力発電装置の規模の大きさが分かる。圧倒されるような大きさだ

ビルに相当する。風車のブレード（羽板）の直径は七〇m前後、それがビュンビュンと回るのだから鳥などひとたまりもない。三重県の青山高原では、騒音などのゆえか風車群の近くで野鳥の数が激減し、越冬期の個体数は二〇分の一、繁殖期でも四分の一という調査結果が報告されている。

図Eは熱川天目山の西に位置する三筋山で、ここにも二一基が建設される計画である。該地は山焼きが行なわれる草原の山で、手前の中腹あたりに桃野湿原という湿地があり、珍しい植生と美しい景観が保持されている。ここを保全していくことは、大変な労力を要するであろうが、その努力を嘲笑うが如く、ここに巨大風車を並べるというのである。知事はいまここの保全に関心を示し、有識者会議を作って広い見地から検討中という。何とか該地がこのままの景観を残してほしいと願わずにはいられない。

Ｅ：建設が計画されている三筋山。草原が美しい。

ところでもう一つの大型風力発電が抱える大きな問題は、低周波音、超低周波音による健康被害である。低周波音問題とは、風車のブレードが回転する時に発生する騒音の問題で、耳に聴こえる音と耳に聴こえない音とが複合し、ちょうど電磁波問題と同じような症状を引き起こすことをいう。国内外のあちらこちらで症例が確認され始めており、主な症状としては、疲労、イライラ、不眠、頭痛、肩こり、耳鳴り、吐き気、めまい、血圧上昇などさまざまな形で現れる。わが国では医師汐見文隆氏が長期にわたってその症例を集められているが、巨大風車の設置された所では必ずと言ってよいほどこの問題が発生し、しかもこれに対して行政も企業も然るべき対策や補償を提示することはほとんどなく、住民は簡単に言えば泣き寝入りするしかないような状況にある。少なくとも風車から数km以内の地には住まない方が無難のようで、二～三kmぐらい離れても症状の現れるケースがあるようである。

私も熱川で風車から数百ｍの所に住んでこの被害に遭われている方にお目にかかり、お話を聞いたが、前述のような症例のいくつかのほかに首筋の痛みなどもあり、医者に診察してもらっても、この症例が正式に認知されていないために、自律神経失調症の一種として診断され、治療方法も進まないということであった。

結局は転居するのがベストなのだが、この熱川の場合でいえば、伊豆の山並の美しい景観（それも壊されてしまったが）と豊かな自然に魅せられて、そこを居住地と決められた方が多く、この被害発生のために転売も難しくなり、移住も困難のようである。従って結局我慢を強いられることとなり、発電の中止を求めて要請を続けるしかないということになる。しかも問題が局所的で、症状の発生にも個人差があるため、社会的に認知もされにくく、被害者は孤立を深めるばかりなのである。

つまり該地では、自然環境の破壊の中に音環境の破壊が付け加えられたということだ。静かな住環境を求めて移り住んだというのに、何という皮肉だろうか。だが、大型風力発電は、とくに3・11以後それへの関心が高まっている。それだけに大型風力発電の安易な導入には、慎重でなければならない。

いま北海道小樽市では、銭函《ぜにばこ》海岸に計画される風力発電事業に対し、市民が反対運動をすすめているが、その反対理由は、銭函海岸の砂浜の生態系の保全、自然が作る砂浜景観の保持、低周波音被害の発生への懸念などである。風力発電は山地のみならず海浜でも同様な被害を及ぼすのだ。恐らく今後私たちが目指さねばならないのは、原発か自然エネルギーかという選択や転換の問題ではなく、思い切った低エネルギー社会の実現ではなかろうか。

なお本稿を書くにあたり、斎藤俊仁氏、覚張進氏のご助力を得た。感謝申し上げる。

（川村晃生）

〈参考文献〉

鶴田由紀：『ストップ！風力発電』（アットワークス：二〇〇九年）
汐見文隆：「風力発電はこれでよいのか」（『月刊むすぶ』：ロシナンテ社：二〇〇八年五月）

［初出：高尾山の自然をまもる市民の会会報　二〇一一年八月十日　№二七七］

南アルプス――巨大トンネルで貫くリニア中央新幹線

いよいよ南アルプスに、大きく長いアナを空けることになった（図A）。二〇二七年、リニア中央新幹線（東京～名古屋間）の開通を目指すJR東海は、南アルプスの横断ルートを最適ルートとし、国交省の中央新幹線小委員会もこれを妥当とした。二〇〇八年十月の時点では、JR東海は上のルートの他に、長野県から提示されていた南アルプスを北に迂回して、木曽谷または伊那谷を走る二つのルートを建設可能としていた（図B）。また環境省はそれらの三ルートについて、計画段階からアセスを行なう、いわゆる戦略的アセスを実施するよう国交省に意見書を提出し要請してもいた。そして私たちもトンネル反対の約五〇〇〇筆の署名を緊急に集め、国交省に提出もした（図C）。

A：リニアの甲府駅予定地（甲府市大津町）より、雪を冠る南アルプスを望む。

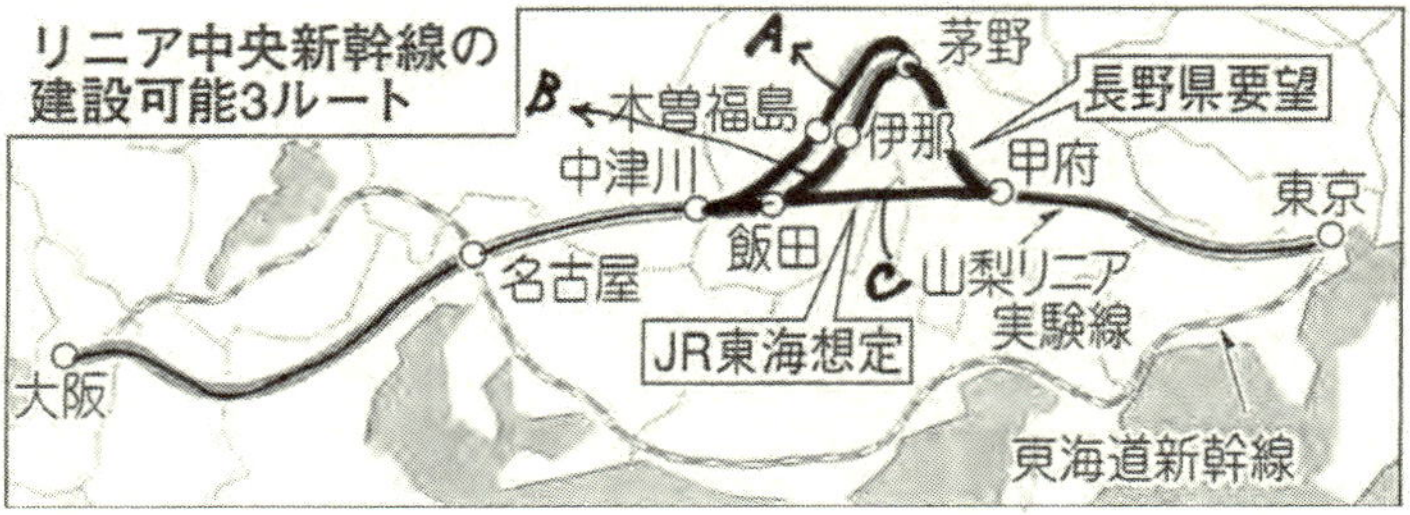

B：リニアのルート図。上からA、B、Cの３ルート（『山梨日日新聞』、2008年10月22日付のものを補訂）

しかし結局それらは無視され、南アルプスを貫くいわゆるCルートが採用された。おそらくJR東海は最初から、このルートで建設するつもりだったのであろう。しかし体裁だけでもいちおう他の二ルートも併せ考えなければ、人口を多く抱える長野県のルート周辺の居住地住民の反感を買うと考えたにちがいない。JR東海は、はじめから所要時間を最短にするためにも、南アルプスを貫く直線ルート以外想定していなかったはずだ。それに何と言っても、リニアは〝直線〟という意味なのである。

では南アルプスにトンネルを掘れば、どのような事態が生じるのだろうか。一つは水涸れの発生及びそれに伴う生態系の変化が想定される。リニアはすでに山梨実験線の工事の際、上野原市秋山無生野《むしょうの》地区や笛吹市御坂町竹居地区で沢涸れや簡易水道の水源の涸渇をひき起こしている。圏央道の高尾山及びその周辺と同じ事態が発生しているのだ。しかもJR東海が発表した地形地質調査報告書でも、「大量の湧水が発生する恐れがある」ことが報告されている。また同社は、静岡市北部の南アルプスにトンネルを掘ることによって、毎秒二トンの水が失われるとも予測している。

次にトンネル掘削に起因する危険性を指摘せねばならない。工事自体は試掘によって可能であるとJR東海が言明しているが（図D）、しかし南アルプス一帯には、中央構造線や糸魚川静岡構造線をはじめとする五本の活断層があり、とくに糸魚川静岡構造線は左横ずれの再活動をしている。またそれだけでなく、南アルプス自体が最近百年間で四〇cm上昇していることが分かっている。つまり南アルプスは現在なお生きていて活動中なのである。地震その他の事象によって、重大な被害が発生することはまずまちがいなかろう。しかも長野県側のトンネル出入口が位置す

リニア

南ア貫通トンネルに「反対」

市民団体が署名提出

リニア中央新幹線整備計画の見直しを訴える市民団体「リニア・市民ネット」（川村晃生代表）は19日、国土交通相あてに、南アルプス（赤石山脈）を貫通するトンネルの建設に反対する4946人分（同ネット発表）の署名を提出した。

リニア中央新幹線整備計画では、国交省交通政策審議会の小委員会が、南アルプスルートを「適当」と判断。同ルートが具体化すれば、南アルプスに山岳トンネルを建設することになり、市民ネットは昨年1月ごろから、山梨や長野など沿線自治体の住民を対象に反対署名をしていた。

この日、川村代表らが国交省鉄道局の担当職員に、生態系や地下水への影響、断層帯をまたぐ形での建設の危険性などを指摘しながら署名簿を手渡した。併せて整備計画について審議している小委員会に、リニアの電磁波の影響や建設費が増大した場合の捻出方法などの検証を求める提言書を提出した。

川村代表は「小委員会の審議も十分ではない。このまま整備計画を進めることは危険なので反対署名を提出した」と話している。

一方、建設・営業主体となるとみられるJR東海は、南アルプスのトンネル建設について「技術的には可能。関係法令に基づき、最新技術も導入しながら、自然環境に十分配慮して手続きを進めたい」としている。

C：リニア・市民ネットの署名提出を伝える新聞記事（『山梨日日新聞』2011年1月20日付）

D：山梨県早川町での、南アルプスのトンネルの試掘現場。遠くからしか撮影できない。

E：長野県大鹿村の山地の崩落斜面。

ることになると思われる大鹿村釜沢の一帯は、土質が脆弱で今でも崩落を続けている（図E）。

さらにトンネル掘削で生じる廃土の問題がある。おそらく数百万トンに及ぶであろう土砂を、いったいどこに廃棄するのであろうか。目下リニアには土盛り個所が示されていないので、公共事業への転用以外には、当然沢筋の埋立が最も安易で経費も安い方法として考えられる。すでに静岡県の大井川上流部が候補地として挙げられ、山梨県富士川町の谷筋も埋め立てられることになっている。少なくともトンネル掘削が、残土処理という二次的な自然や環境の破壊を齎すことは疑いない。

そしてその上にさらに景観の問題がある。トンネルが出入口を除くと、南アルプス周辺で数カ所顔を出すことになる。全長五七㎞のうち二三㎞が最大長のものとなるこのトンネルは、南アルプスの自然景観に少なからずダメージを与えるにちがいない。現在想定されているコースでは、トンネルは南アルプスの塩見岳付近を通るとされている。その塩見岳は、深田久弥が『日本百名山』の中で、

三伏峠の上に立って、そこから眼の前に中俣を距てて仰ぎ見た塩見岳のすばらしい姿に、旅人は暫くは息を飲む思いをしたであろう。実際、この峠からの塩見岳は天下一品である。

と絶讃する山である。その塩見岳自体の景観には何ら損傷を蒙ることはないかもしれないが、その周辺では、すなわち塩見岳を臨むいくつかの地では、塩見岳とともにトンネルのシールドが視野に入るのかもしれない。その時塩見岳は、すでにこれまでの塩見岳とは違う姿になるのである。南アルプスはその周辺にトンネルのシールドという、新たな人工構築物による景観の損傷をも与えられる可能性があることを、覚悟しておかなければならない。

（なお、リニア・市民ネットの情報については、ホームページをご覧下さい。http://www.gsn.jp/liear/）

（川村晃生）

［初出：高尾山の自然をまもる市民の会会報　二〇一二年一月十一日　№二八二］

高尾山——山を殺していいのか！

こんなことが許されていいのだろうか。あまりの光景で言葉を失ってしまう。山腹に突きささった二本の巨大なコンクリートの橋梁。まさに山は串刺しの極刑に処せられたかのようである。

高尾山の山頂付近の直下をトンネルが貫通した。山に棲む動物たち、鳥たち、虫たちのいったい誰がこんなトンネルを喜ぶだろうか。鬱蒼とした樹林におおわれていた高尾の山はその土手《どて》っ腹《ぱら》に穴をあけられ、その傷《いた》みにじっと堪えているかのようだ。高尾山は死ぬ、今や瀕死の状態だ。太古以来、山に棲み、山を守り続けてきていた精霊たちは、こんな醜い人間のしわざをいったいどう見ているのだろうか。精霊たちの悲しみと怒りを思うと、心の中で思わず、「ごめんなさい」「すみません」とつぶやいてしまう。

明治二十五年（一九八三）十二月七日、正岡子規は内藤鳴雪とともに東京本郷から高尾山をめざす。寒い朝で二人とも鼻をすすりながらの出発であった。新宿から汽車に乗り、途中、荻窪を

高尾山に突きささる圏央道の橋梁

過ぎた。

荻窪や野は枯れはてて牛の声　鳴雪

百年前の荻窪は野原で牛の声が聞こえていたのだ。今の荻窪からは全く想像もできない。のどかな田園風景が広がっていたのだ。

二人は八王子で下車、いよいよ高尾山に登る。

高尾山を攀《よ》じ行けば都人に珍らしき山路の物凄《ものすご》き景色身にしみて面白く（略）木の間より見下ろす八王子の人家甍《いらか》を並べて鱗の如し。（高尾紀行）

山の頂に上れば甲州の峻嶺峨々《がが》として聳え八百里の平原眼の力届かぬ迄

ひろがりたり。

子規は高尾山の景色に深く感動した。明治の文人はそれを風格ある詞文に置換する技量を持っていた。

昭和二十二年（一九四七）一月十五日、水原秋桜子は自身の主催する「馬酔木《あしび》」の記念会を高尾で開催する。会場は高尾の登り口にある、高橋屋という立派な二階建の茶屋である（雪の高尾）。この高橋屋は今もある。

むささびの高尾の山に来て寝たり
短夜《みじかよ》の雲欄《うんらん》にをり青葉木菟《あおばずく》
夜鷹鳴き晨朝《じんちょう》*の鐘鳴りてやむ
　＊晨朝：午前六時頃

黄鶲《きびたき》にこころせがれつ顔洗ふ

秋桜子は実に多くの鳥の声を聞いている。「あおげら」「おおるり」「仏法僧」。「仏法僧」は声だけでなくて、姿も偶然目撃したらしい。その「飛ぶ姿殊に美しく」、秋桜子は、

高尾山の登り口にある高橋屋。ここで水原秋桜子は句会を開いた。

仏法僧巴《ともえ》と翔《かけ》くる杉の鉾《ほこ》

とよんだ。高尾山中に句碑がたつ。

高尾山の景気を愛した文人は他にも、多数いる。その中でも詩人、童謡作家として知られる北原白秋は落とすことができない。白秋は昭和十二年（一九三七）八月十六日から三日間、薬王院で雑誌「多磨」の第二回大会を開いた。総勢六九人という盛会で、

我が精進《そうじ》こもる高尾は夏雲の下谷
うづみ波となづさふ

という歌はその折のもので、歌碑として山内に立っている。

北原白秋　1941年8月

高尾やま蒼きは杉の群立《むらだち》の五百重《いほへ》が鉾《ほこ》の霧にぬれつつ（八月十六日）

小鳥たつ高山岸の味爽《あけぐれ》は声多《さは》にしてすがしかりけり（十七日）

この夜聴く杉のしづくは我が子らも聴きつつぞあらむ枕しつつも（十八日）

白秋は山霧にかすむ杉の木立ちを歌い、すがすがしい明け方の小鳥の声に心おどらせ、下山の前夜には杉の葉からしたたり落ちる雫《しずく》の音にじっと耳を傾けているのである。山内では目にするもの、耳に聴こえるもの、そのすべてが美しい絵画であり、霊妙な音楽であったのだ。

北原白秋は山野が大好きであった。芯から自然の風景、風物を愛していた。昭和十年（一九三五）八月、小河内《おごうち》村がダム建設で水没すると聞き、奥多摩を訪れ、鶴の湯に投宿した。白秋は村の消滅を深く哀惜し、「山河哀傷吟」を歌った。その前文には、

今や全村をあげて水底四百尺下に入没せむとし、廃郷分散の運命にあり、蓋《けだし》東京府の大貯水池として予定せらるといふ。

そして「山河の滅び」「生色を奪はれ居処を失ふもの」を前にして悲歌を連ねた。

山川も常にあらぬか甚《いた》し草木おしなべて人のほろぼす
水底とつひに決まむみ湯どころ小河内の村に一夜寝にけり

小河内村、丹波山村、小菅村の村民たちはダム建設に反対し、ねばり強く闘った。だが事件が起こった。十二月十三日、午前三時、厳寒の中、村民五〇〇〇人の代表者七〇〇名が「死を期して陳情」しようと出立したところ、警官隊にことごとく「防圧」され、流血の惨事、「遂に筵旗《むしろばた》を巻き、声をのんで帰らざるをえなかったのである。白秋はこれを聞き、深く哀慟《あいどう》した。

何ならじ霜置きわたす更闌《こうた》けて小河内の民の声慟哭す
小河内丹波山小菅こぞり生くべし山くだりしんしんと行け言挙《ことあ》げよ今は
筵旗朝来《あしたこ》し路をまたのぼるなり日暮れ寒きに（厳冬一夜吟）
我が此の山河を愛惜する。

白秋が目撃した悲劇は今もあちこちで起こっている。高尾山で、八ッ場で、そして福島で。白秋がもし在世したらば、この現代に何を発しただろうか。

（浅見和彦）

［初出：高尾山の自然をまもる市民の会会報　二〇一二年二月八日　No.二八三］

嵯峨野——照らし出された竹林

いったい何の騒ぎだろうか。もうあたりはとっぷりと暮れ、普段なら人通りも少なく、静かな街の通りとなるのに……。

人の列は延々と続き、人と人がぶつからぬよう、右へ行く人、左へ行く人、歩道は両側に分けられて、大人数の人が長い列をなして進んでいく。警備員も多数配置され、懐中電燈を振り回し、拡声器で何かをしきりに怒鳴っている。

「立ちどまらないで下さい！」

「危ないですから、車道には絶対にはみ出ないで下さい！」

「川に行く人はこちら側を、竹林に向かう人は向こう側を歩いて下さい！」

昨年末（二〇一〇年）の京都、嵯峨野の光景である。時間はすでに夜の七時を回っている。近年の京都ブーム、とくに嵯峨野は心落ち着く寺々とひっそり静まり返った竹林の道が人気だ。それゆえ昼間の混雑はいつもながらだが、夏の夜ならいざ知らず、冬のこの大混雑は何だ。目の前を通り過ぎる人並みはちょうど都心のターミナル駅の朝夕の混雑を思うばかりであった。

しばらくして事情がのみ込めた。嵯峨野一帯で竹林のライトアップが始まったのだ。この冬から始まったらしい。「京都　嵐山花灯路《はなとうろ》二〇一〇」。期間は十二月十日から十九日まで。その間、毎夜午後五時から八時半まで点灯されるらしい。これを見に首都圏を始め、全国から観光客が大

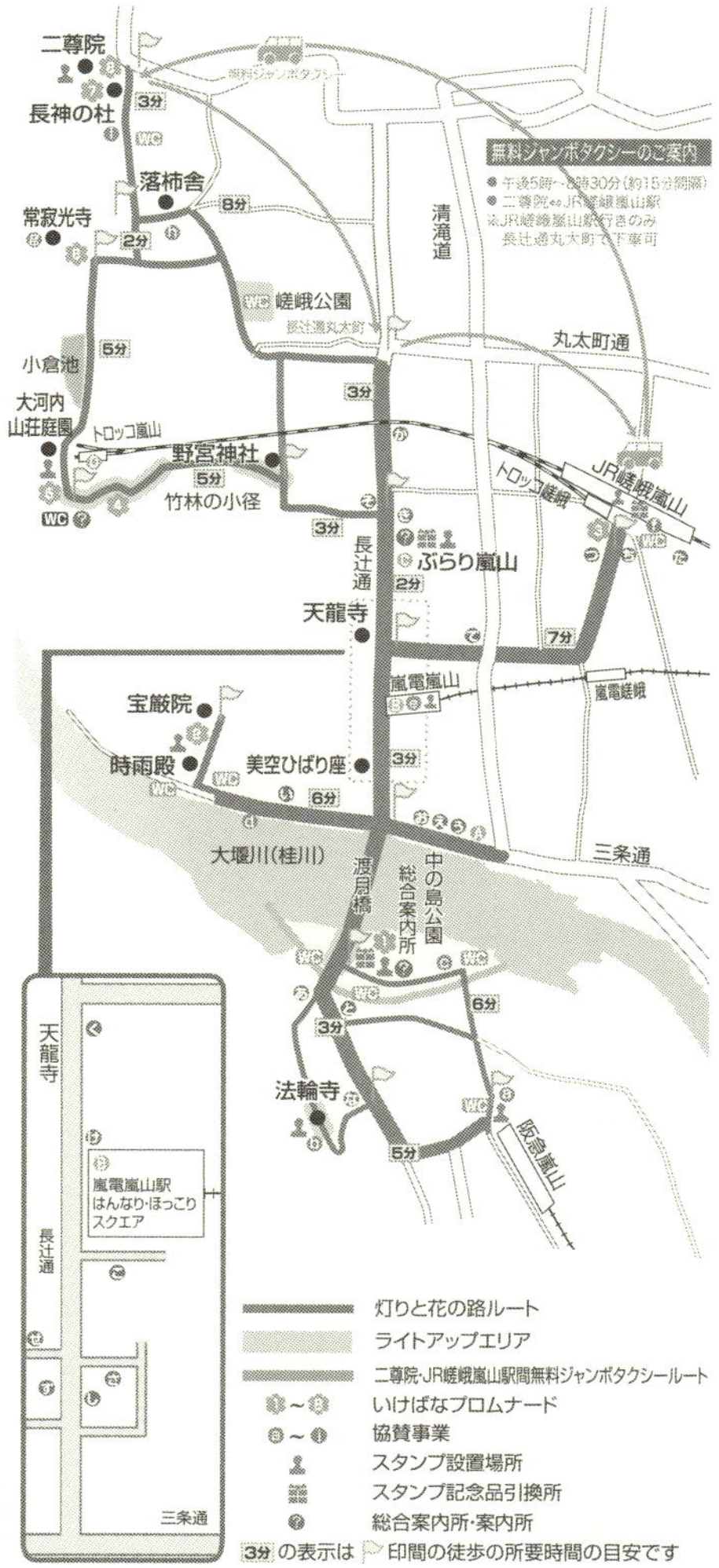

「京都・嵐山花灯路 2011」パンフレットより

挙として押し寄せたのである。

行列にまぎれ込んで、私も見に行くことにした。前の人にぶつからないように、すれ違う人にも体が当たらないように、注意しながら少しずつ進んでいくと、ほどなく竹林の小道へとはいっていく。路の両脇には小さな行燈《あんどん》型の明かりがともされ、いいかどうかは評価が分かれるかもしれないが、それなりの風情をかもし出している。人はさらに奥へ奥へと進んでいく。小道がちょうど折れ曲がったあたりだ。眼前の光景を見て、私は思わず驚きの声をあげてしまった。竹林の一画が竹の根元から高い葉先の先端まで残るところなく、強光線によって照らし出されているの

ライトアップされた竹林「京都・嵐山花灯路 2010」パンフレットより

である。人々はこれを見て感声をあげ、誰しも写真におさめる。フラッシュの閃光と携帯電話の撮影音がひっきりなしに続く。

喜ぶ人あれば、悲しむ人もある。静かな嵯峨野の夜は完膚なきまでたたき壊されている。これで本当にいいのかと率直に疑問を感じた。

人の流れに乗って、桂川、渡月橋方面に向かった。人混みは依然として続く。嵯峨野を代表する渡月橋もおそらくライトアップされているに違いないと予想しながら歩いて行くと、案の定、橋には色とりどりの明かりがともされ、時間を置いて赤、緑、黄……、と次々と色を変えていく。橋全体も闇の中に金色に照り輝いている。しかし、これで終っていなかった。川向こうの嵐山の山腹までが照明で照らし出されて、夜に不似合いな姿をさらしていた。ここまでやるか、というのが正直な思いであった。

嵯峨野の魅力はいったい何であろうか。天龍寺の美しい庭園、大覚寺の雅びなたたずまい。『平家物語』の哀しい舞台となった祇王寺、春と秋、桜、紅葉につつまれる常寂光寺。王朝絵巻さながらの桂川と渡月橋。嵯峨野に点在する寺々とその風物は訪れる人の心を楽しませ、癒し続けてくれる。わけても印象深いのが幽邃《ゆうすい》な竹林。夏には吹き抜ける風に竹の葉はゆれそよぎ、涼しげな葉ずれを音を聞かしてくる。冬は雪降り積もり、突然、雪折れの音が響き渡る。

雪うづむ　園の呉竹《くれたけ》折れ伏して

上　明治のころの渡月橋。

下　ライトアップされた渡月橋。赤・緑・黄と時間差で色が変わる。対岸の嵐山の山腹もライトアップされている。「京都・嵐山花灯路 2010」パンフレットより

ねぐら求むる　群雀《むらすずめ》かな（西行）
（雪にうずもれた庭の竹、突然、折れた竹の音に驚いて、逃げまどう雀たち）

西行は雪折れの音に逃げまどう雀たちに目を向けている。西行もこの嵯峨野に一時居住していた。

竹林は幽暗と静寂の世界。これをうちやぶる喧騒は絶対に禁物なのだ。昨冬とり行なわれた竹林のライトアップは竹林の玄妙さを残念ながらうちこわしてしまったのではないだろうか。かつて谷崎潤一郎は石山寺での月見を急遽取りやめたという。その理由は、

石山寺では明晩《あけくれ》観月の客に興を添えるため林間に拡声器を取り附け、ムーンライトソナタのレコードを聴かせる（『陰翳《いんえい》礼讃』）

と知ったからであった。谷崎は前にも同じような経験をしていた。神戸の須磨寺に月見に出かけたところ、「池のぐるりを五色の電飾が花やかに取り巻いていて」、月を眺めるどころではなかったらしい。谷崎はかくいう、

どうも近頃のわれわれは電燈に麻痺して、照明の過剰から起る不便と云うことに対しては案外無感覚になっている

もし谷崎、この世にありせば、嵯峨野のライトアップに何といっただろうか。京都ではこの三月、今度は東山で「花灯路」が始まる。ぜひ京都の風情に似合った、本当の夜の魅力をしっとりと味わわせてくれるライトアップであってほしい。

（浅見和彦）

［初出：高尾山の自然をまもる市民の会会報　二〇一一年三月九日　№二七二］

第三章　湖沼と川

寒霞渓——ダムに壊される渓谷美

瀬戸内海で淡路島に次ぐ広さを持つ小豆島は、その恵まれた自然環境が縄文の太古からそこに人々を定住させ、また『日本書紀』（応神天皇二十二年条）にも、「淡路嶋　いやふた並び　小豆嶋《あづきしま》　いやふた並び　（以下略）」とその名を残す、古い歴史を持つ島である。

その小豆島の東南に、寒霞渓《かんかけい》という奇岩・巨石を以てその渓谷を形造る景勝地がある。夏は緑に、秋は紅に彩られ（図A）、今も多くの観光客を集めるが、昔の文人、墨客も筆と瓢《ひさご》を携えてここを訪れ、酒を酌んでは詩想を練ったのであった。

寒霞渓という名は、恐らく後世になってからの宛て字で、古くは神懸山《かんかけやま》（又は神翔山《かんかけやま》）と呼ばれた。江戸時代にここを訪れた備前国（岡山県）の美卿《びきょう》という歌人は、

千早ふる神翔山は神さびて
仰ぐも臥《ふ》すもかしこかりけり

と詠んで、この山を「神さびて」（神々しい）とも、「かしこかりけり」（畏れ多い）とも言っている。まさに神威が感じられるような地として認識されていたことを物語るが、ここを訪れた人々は、およそ人智を越えた寒霞渓の光景に圧倒されて佇んでいたにちがいない。

ところが昭和三十年代、この寒霞渓を流れる別当川の下流に小さなダムが造られた。利水目的のダムであったが、ダム直下の内海《うちのみ》町の住民にとっては、まさに枕元にダムができたようなもので危険きわまりなく、住民はそれ以降ダムと隣り合わせの不安を抱えて生活せざるを得なくなった。そして同時に、この別当川で魚やカニをとったりして水遊びを楽しむ子どもたちもいなくなった。

しかし、被害はそれだけではなかったのである。寒霞渓の頂上から渓谷を見下ろして、別当川が注ぎ込む内海湾までのパノラマ風景の中に、目障りな水溜りが

A：寒霞渓の秋景。紅葉の季節が最も人気を呼ぶ。

B：現在の内海ダム。遠くに内海湾が望まれる。

できてその景観が大きな損傷を蒙ったのである（図B、C）。渓谷を流れ下る川が途中で塞き止められたのだから、自然景観としては大きな改変を加えられたわけで、今でもそれは寒霞渓のパノラマ景観をひどく阻害している。

ところが不幸が重なることになる。昭和五十一年の一七号台風が、内海町一帯に土石流の氾濫を引き起こし、大きな被害を生じさせた。それは実際のところでは、並行して流れる片城川からの土石流であったようだが、それが別当川による被害だというようなことにされて——何とも杜撰な話だが——、現在の内海ダムのすぐ下に、その内海ダムを飲み込んで、堰堤の長さ四四七m（西日本で最長という）、高さ四二mという途方もなく大規模の新内海ダムを造る計画が持ち上がった。そのために内海町住民は、以後このダム計画に反対する市民運動に日常生活を奪われることになる。そしてこのまま計画が進んでいけば、住民たちはいっそう多くの危険性を抱え込むことになる（しかも堰堤の真下に三本の断層が発見されている）のと同時に、寒霞渓の景観も決定的な深手を負うことになることは必定である（図C）。

民主党政権ができる前のことであったが、平成十六年十一月に鳩山由紀夫前首相が寒霞渓を訪れ、内海ダムが地形的にふさわしくないものであり、また出来上がれば景観を大きく損じるとして、ダム建設に否定的な発言をした。そして平成二十一年十月、前原誠司国交相も事業認定の取り消しを陳情した住民たちに、「権限の範囲で協力する」と約束した。それにもかかわらず、建設工事は進められ、山の緑は削り取られて山肌が露出している（図D）。

「コンクリートから人へ」を宣言した民主党政権は、残念ながらその理念に揺るぎが生じてしまった。自然や景観というものに対して何の配慮も示さなかった自民党政権が崩壊し、ようやくそれらの価値観が政治の場で議論され始めようとした矢先、あっという間に時間の針を逆戻りさせたのでは、何のための政権交代だったのかと、国民の失望ははかりしれないだろう。

寒霞渓の景観とダム問題は、全国的な関心を呼び起こし得るだろうか。そこに至るまでの住民の人々の熱意と努力には頭が下がるが、そこで問われてきた寒霞渓の景観美を守れるかどうかは、いまこの国の政治とそれを支える国民の力量がどれほどのものであるかを計る試金石になってい

C：新内海ダム完成後のイメージ図。手前の現在のダムを飲み込むことになる。

D：新ダム建設のため山を削られる別当川の川岸。

E：完成した内海ダムを直下に見る。目障りな水たまりが眺望を損ねる（山西克明氏撮影）

ると言っていいだろう。

〔補記〕住民を中心とする強力な反対運動にもかかわらず、二〇一三年四月、新内海ダムは完成した。今は眼下に大きな水たまりができている（図E）。住民らは、内海ダム再開発事業認定処分取消を求めて提訴に及び、筆者も景観問題で証人尋問の場に立ったが、二〇一四年三月結審し、十月に判決が下りた。住民側の完全な敗訴である。司法もまだ十分に景観を判断し得る力を持っていない。

（川村晃生）

［初出：高尾山の自然をまもる市民の会会報　二〇一〇年八月四日　No.二六五］

琵琶湖岸――開発に泣く古典のふるさと

『平家物語』の「木曽最期《きそのさいご》」は、物語の中でも最も哀切な場面の一つである。

「日来《ひごろ》はなにともおぼえぬ鎧が、けふは重うなったるぞや」

敗走する木曽義仲《よしなか》は、巴《ともえ》と別れたのち、最後に残った従臣今井四郎兼平にこうつぶやく。身心ともに疲弊した義仲は、ふだん感じもしない鎧の重みを体に深く負っている。

何のこれしき、体も馬も弱っていようはずもない。臆病風に吹かれでもしましたか。この今井四郎一人といえども、武者千騎と思し召せ。

こう言って今井四郎は義仲を鼓舞する。今井は最後の力をふり絞って奮戦し、義仲をつまらぬ郎等などの手にかけられてたまるものかと粟津《あわづ》の松原の中に逃れさせる。しかし今井の心遣いも効無く、義仲は三浦ノ石田の次郎為久とその郎等の手によって首を落とされるのである。「日来はなにともおぼえぬ鎧が、けふは重うなったるぞや」の一言には、敗戦の武将の万感の思いが籠められている。

さて、この義仲の命が絶たれた粟津は、いまの大津市の瀬田川河口一帯である。琵琶湖南岸の風光明媚な所で、近江八景の一つ「粟津の晴嵐《せいらん》」によっても知られる所である。晴嵐とは、晴れた日に吹き渡る風を言うが、なぜここに晴天と風が登場するかと言えば、『平家物語』の中に、「あれに見え候、粟津の松原と申す」とあるように、粟津は松原であったからである。松は「松風」という成語があることからも分かるように、風を音で聴く時の代表的な植物である。松に吹

A：木曽義仲の墓。義仲の塚を巴御前が供養したことが起源とされる。

B：義仲寺。戦国時代、近江国を治めた佐々木氏によって修復されたという。

C：芭蕉の墓。境内には芭蕉を祀った翁堂があり、また芭蕉に因んでたくさんの句碑が建つ。

く風の音を松籟《しょうらい》というが、時に雨の音ともまがえ、従って晴れていても雨が降っているかと聞きまがうという趣向が好まれて、松風は古来日本の文学を賑わわせてきた。「粟津の晴嵐」には、こうした文学的な背景がある。晴嵐は松なしには成立し得なかった名所の特徴であった。

その粟津の一廓に、義仲の墓（図A）を擁する義仲寺《ぎちゅうじ》（図B、古くは「よしなかでら」）がある。大津市馬場一丁目、東海道本線及び京阪電鉄石坂線の膳所《ぜぜ》駅から湖水に向って歩いて数分の地である。義仲寺から東方約三㎞の地には、忠臣今井四郎兼平の墓も残されている。

寺伝によれば、義仲の死後、墓所のほとりに尼僧が草庵を結び義仲の菩提を弔ったという。それが巴御前であったと知れ、のちにその庵は巴寺とも呼ばれたというが、それが義仲寺の発祥の由来であった。

江戸時代に入って貞享年間、大修理が施されたと伝えられるが、その頃松尾芭蕉がしきりにここを訪れて宿舎とし、のちに元禄七年（一六九四）芭蕉が亡くなった時、死骸は義仲の墓所へという遺言を残したために、現在義仲寺には、義仲の墓に並んで芭蕉の墓（図C）が残されている。

さてこの義仲寺のあたりは、かつてもっと湖水が近くまで及んでいたらしい。義仲寺で配布された略誌にも「湖水を前にし」とあり、また同寺の史料館に掲げられる「江州粟津義仲寺之図」（図D）にも、湖水に臨む義仲寺の図が描かれている。芭蕉が義仲墓所の傍に自らの埋葬を遺言したのも、芭蕉の義仲への慕心もさることながら、湖水に臨んだ墓所の景観にも強く心を動かされていたからであろう。

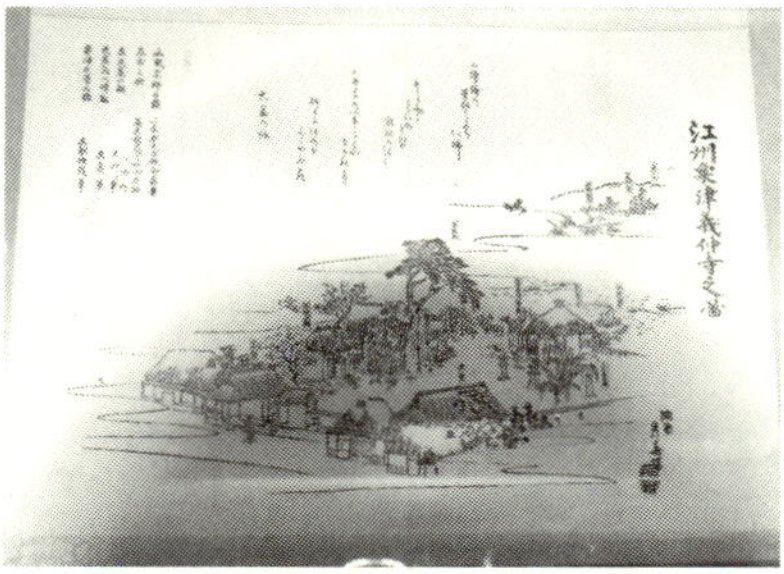

D：義仲寺が琵琶湖の湖水に臨んで建てられていたことがよく分かる。

E：湖岸に林立するマンション。マンション群が湖岸の景観を完全に壊してしまった。

行く春を近江の
人と惜しみけり

と詠んだ芭蕉は、「湖水朦朧たるがゆえに春を惜しむに値する」（『去来抄』）と述べるほどに琵琶湖の景観を愛しんでいたのである。没後なお、魂魄《こんぱく》琵琶湖にとどまって、未来永劫芭蕉は琵琶湖の風情に親しみたいと思っていたのではあるまいか。

さてその後、義仲寺前の砂浜は時とともに前進し、寺と湖水との距離を遠くして行った。現在の義仲寺と湖水との間には、およそ約二百メートルの距離があり、湖水に面した義仲寺の風情は遠い昔のものになってしまったのである。

ところが問題は、そうした自然環境の変化だけにとどまらなかった。その約二百メートルの砂浜が、戦後のある時期から大手不動産会社の開発の手にかけられ、湖水に面するマンション群の乱立（図E）とともに、スーパーやデパート、片側二車線の道路などのインフラ整備が進み（図

F）、もはや往昔の景観と風情はまったく失われてしまった。義仲寺から塀越しに外を眺めても、林立するコンクリートの建造物群に圧倒されるばかりである（図G）。

ここにはもはや、当地で絶命した義仲や今井四郎の悲劇を思い偲ぶよすがはない。或いはまた、死後なお琵琶湖の風情に親しもうとした芭蕉の心情を偲ぶすべもない。あるのはただ、そうした歴史や文化の香りを抹殺しても、土地を金に替えて利潤を上げようとする企業と、琵琶湖の景観を壊しても、自分だけは琵琶湖の景観を手に入れようとする、その矛盾に気付かない市民たちだけである。

F：義仲寺の前は、居住と消費の一大拠点となってしまった。

G：義仲寺からの眺望。もはや全く往昔の面影はない。

こうした利潤と自己の欲望のみによって動き、文化や歴史そして景観などに配慮のかけらも示さないような社会に、はたして希望のある未来は開けるのだろうか。

（川村晃生）

［初出：高尾山の自然をまもる市民の会会報　二〇一一年九月十四日　№二七八］

巨椋池——失われた月見の名所

月はおぼろに　東山
霞む夜《よ》ごとの　かがり火に
夢もいざよう紅桜
しのぶ思いを　振り袖に
祇園恋しや　だらりの帯よ

有名な「祇園小唄」の歌い出しである。京都東山の山並みはなだらかで美しい。四〇〇m前後の高さの山が南北に連なり、東山三十六峰ともいわれ、古来文人たちに深く愛されてきた。

ふとん着て寝たる姿や東山

芭蕉の弟子、服部嵐雪《はっとりらんせつ》はこう詠んだ。京都市内でも高い建物が建ち並ぶ。そうした中で、一帯の高層建築は規制され、何とかこの東山の景観が守られているのは、うれしいことである。

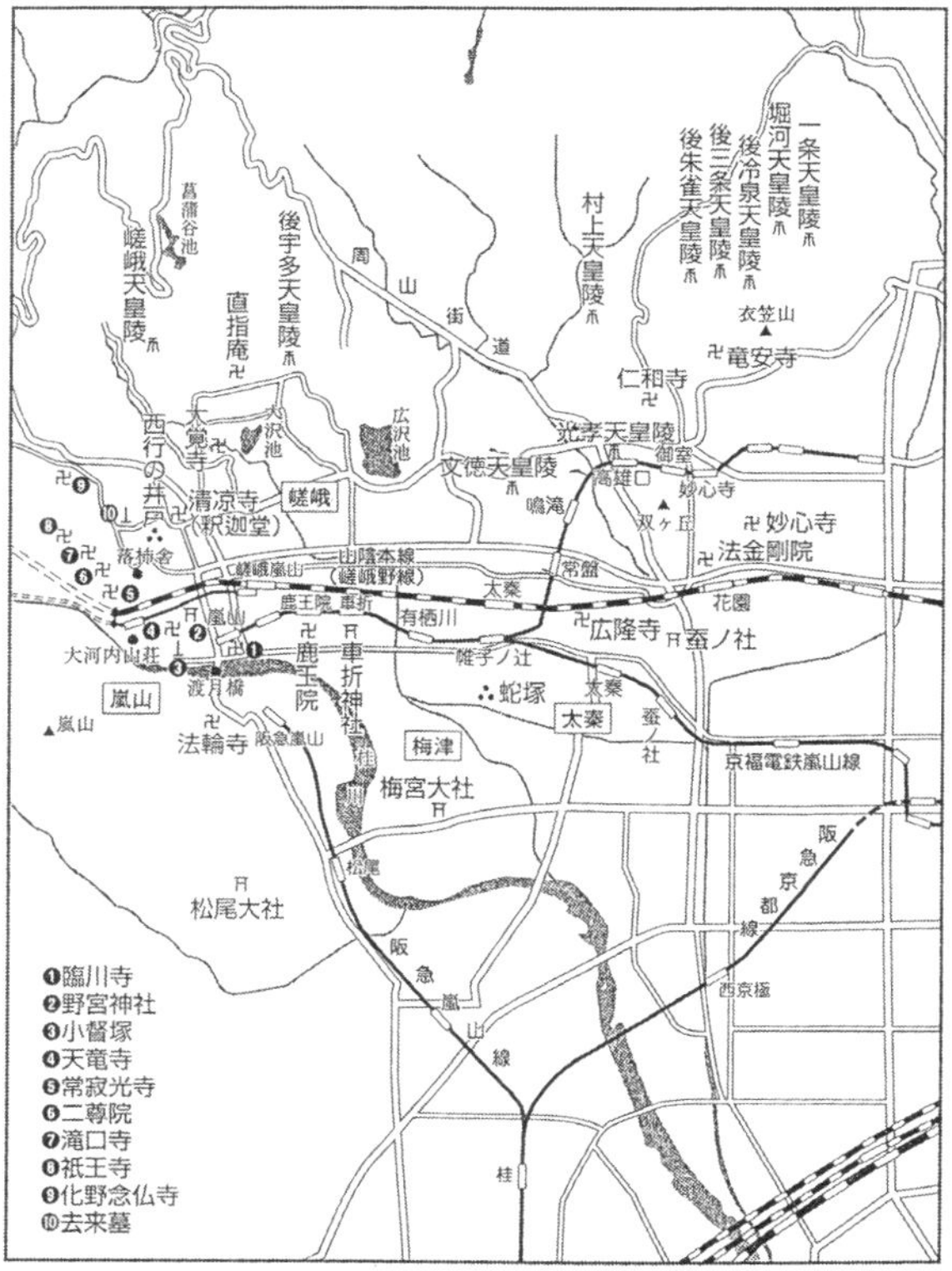

A　京都の嵯峨野地図。『日本古典文学・旅百景』（NHK出版）より

京都には月の名所といわれる場所が他にもある。そのうちの一つは京都の西郊、嵯峨野にある

嵯峨野にある広沢池（京都市右京区）。春は桜の名所、秋は月見の名所。北岸には形の良い遍照寺山があって、水面にその姿を映す。

広沢池だ。

　周囲約一・三㎞。さほど大きな池ではないが、北側の遍照寺山と一体化した風景は絶妙で、王朝時代そのままの景観が楽しめることはとてもしあわせである。

　中天にのぼった月を楽しむのはもとよりだが、名月の観賞にはもう一つ楽しみ方がある。それは水面に映る月をながめる方法である。十五夜の明るい月を頭上に仰ぎ、眼下には水面に浮かんだ月の姿を賞味する。かつての日本人はなんてぜいたくな月の見方をしていたのだろうか。京都の嵯峨野には今でも埋め立てられず残っている大小の池が多い。その風光はぜひ守っていきたいものである。

　広沢池と並んで、観月の名所だったのが、京都の南にあった巨椋池《おぐらのいけ》である。宇治川、桂川、木津川《きづがわ》の巨大河川があつまり、大きな池（いや湖といった方がよいかも知れないが）を形作っていたのである。広さはおおよそ八㎢、箱根の芦ノ湖（七㎢）よりも広い池が京都の南方にあったのである。水深約一ｍ。蓮の名所でもあった。

　しかし、その浅さが命取りとなった。一九三三年から四一年の間にこの池は全域干拓され、地

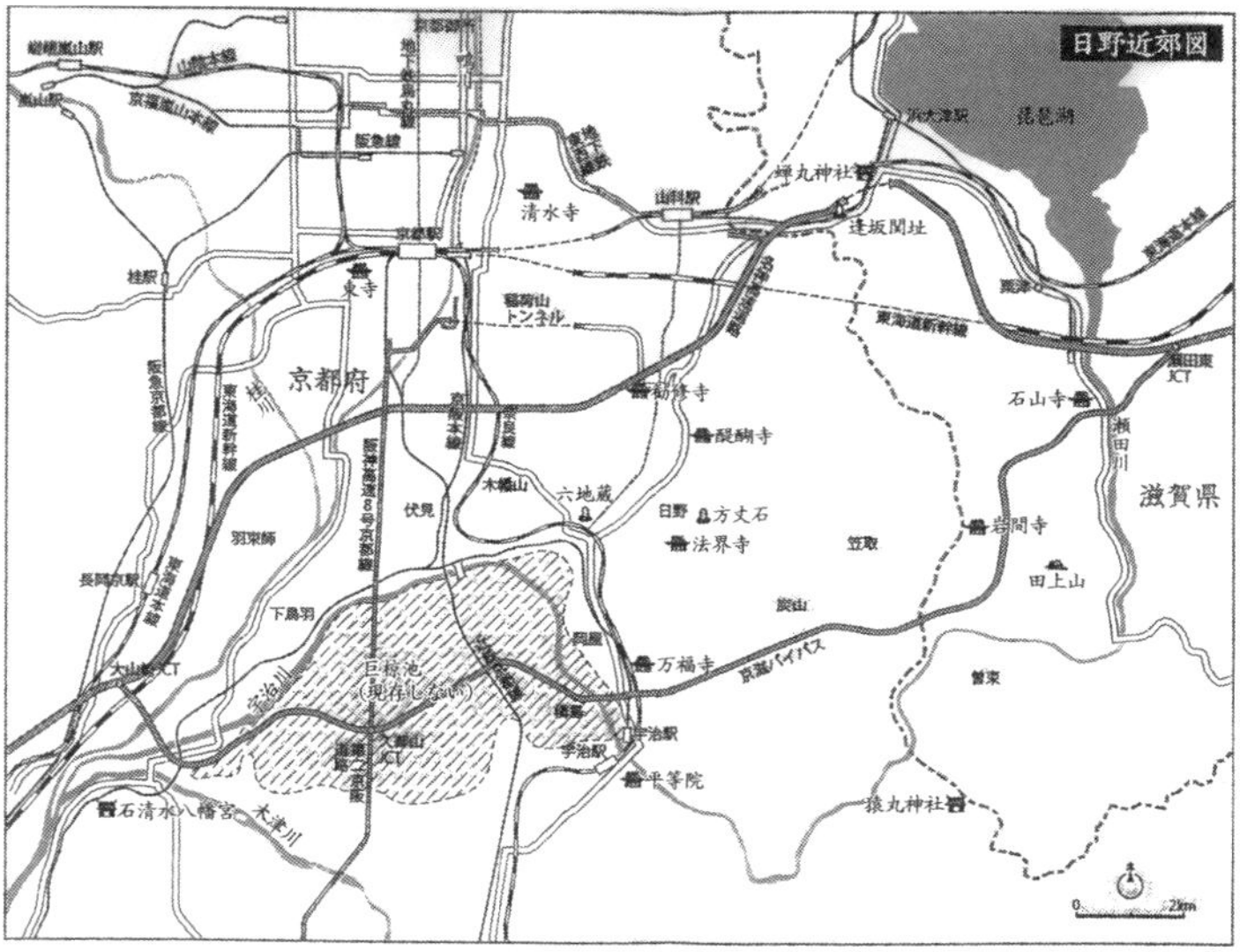

巨椋池は干拓され農地と化した。今は倉庫が建ち並び、その上を高速道路がはしる。『方丈記』（ちくま学芸文庫）より

図から消えてしまった。食糧増産という国家目標という見地からの干拓ゆえ、やむをえなかったかもしれないが、惜しいことをしたものだ。

巨椋池に集まった水は淀川となって流れ下り、大阪湾に流れ込んでいた。かつては瀬戸内海を渡ってきた舟運は難波（大阪）で淀川に入ってさかのぼり、巨椋池に到着。その北岸の鳥羽の湊で荷を下ろし、その荷は陸路を使って、京の都へと運び込まれたのであった。いわばこの巨椋池は京都の経済を支える交通の要路、大動脈であった。

巨椋池のはたした役割はこれにとどまらない。巨大河川の集中は当然のことながら水害の危険が高い。しかし巨椋池は自然の巨大な遊水池の役割もは

干拓前の巨椋池。湖水がゆったりと遠くまで広がる。

たしていた。洪水をいくども未然に防いでいた。また気候上も、水の持つ保湿性ゆえ、夏は涼しく、冬は暖かい天然の空調の役割もはたしていた。

近年、異常高温の猛暑は当たり前のようになってしまったが、この巨椋池ありせば、水で冷やされた冷気が南風にのって吹き込み、京都の夏は今よりだいぶしのぎやすかったのではなかろうか。

食料増産ゆえ一時は田畑に姿を変えたが、やがて米あまり、減反政策のため、いつしか田畑は荒れ地と化し、今は倉庫群が並び建つ殺風景な風景となってしまった。さらに近年には阪神高速八号京都線が南北をつらぬき、また京滋バイパスが東西をはしりぬけ、ちょうどかつての巨椋池をたてよこ十文字にに切り裂く形となってしまった（地図参照）。その姿はあまりに無残で、とても見ていられない。

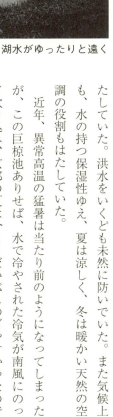

巨椋《おおくら》の入り江の月の跡にまた光残して蛍飛ぶなり（冷泉為尹《たのまさ》）

湖面に映る月を見て、また飛び交う蛍を見て、王朝人、歌人たちは巨椋池の風趣を心から愛していた。しかし、その景観はもう二度と見られなくなってしまった。

（浅見和彦）

［初出：高尾山の自然をまもる市民の会会報　二〇一一年十一月九日　No.二八〇］

高速道路で分断された巨椋池跡

川の流れる風景——心のオアシス

二〇一一年は何といっても三月の大地震の年であった。マグニチュード九・〇という規模も驚きであったし、死者、行方不明者を合わせて約二万人という犠牲も日本災害史上、特記される悲惨な出来事であった。福島の第一原発の事故はいまだ先は見えず、多くの人が故郷を追われ、職を奪われ、家族バラバラの生活を余儀なくされた。フクシマの人がいったい何をしたというのか。福島県は何か悪いことでもしたというのか。何一つしたというわけでもないのに、今なお苦しみ、必死に耐えしのんでいる人々がたくさんいる。このことは私の頭にこびりついていて離れない。これから十

A：賀茂川。右手の森が下鴨神社

年、二十年、いや数十年、悪ければ百年単位、数百年単位で放射能と闘っていかなくてはならないのだ。

二〇一一年という年はやはり不幸な年であった。ちょうど八百年前、当時、日本の首都であった京都は大きな災害に見舞われた。平安京の三分の一を焼き払った大火、市街地を駆けぬけていった大竜巻、四万人の餓死者を出した大飢饉、平安京を襲った直下型大地震。おりしもそのころは源平の内乱、平家滅亡という歴史的な混乱期、激動期でもあった。現代も地震、津波、原発事故、それに集中豪雨と土砂災害。歴史的な円高、ヨーロッパの金融不安。三万人を超える自殺者。

B：下鴨神社の境内を流れる清流

C：上賀茂神社の社家町を流れる川

D：下鴨神社（京都市左京区）の糺の森の一角に河合神社が鎮座する。その境内に方丈の庵が復元されている。『方丈記』の作者鴨長明は下鴨神社に生まれ育った。

混迷する政治。現代日本と八百年前の日本はあまりにも似ている。

　平安時代の末、京都の下鴨神社に生まれた鴨長明《かものちょうめい》は激動する時代の生き証人のような人物であった。彼は被害でうちのめされた町を歩き、苦しみ歎《なげ》く人々に目を向けた。その目線は同時期の宗教家の法然、親鸞、道元たちのそれと近いものがあるといってよい。長明は世の困苦を見るにつけ、都市生活の窮屈さを知るにつけ、後年出家して、京都郊外の山里の草庵に閑居したのだった。庵の大きさは、「方丈」、すなわち一丈（約三m）四方の四畳半程度の庵で（写真D）、そこで書かれたのが名作『方丈記』である。

『方丈記』は流麗な書き出しの一文で始まる。

　行く川の流れは絶えずして、しかももとの水にあらず。よどみ浮かぶうたかたは、かつ消え、かつむすびて久しくとどまりたるためしなし。世の中にある人と住みかと、またかくのごとし。

川の流れは絶えることはない。しかし、だからといって、同じ水ではない。よどみに浮かんでいるうたかた（泡）は消えたかと思うと、生まれ、ながくとどまるというこ

E：金沢市内を流れる浅野川。梅ノ木橋をのぞむ

F：京都市内を流れる鴨川と川床。市民の憩いの場である。

G：暗渠化された玉川上水の標柱。

とはない。世の中の人も家もこれと同じだ。日本文学の中で屈指の名文といってよい。

鴨長明が生まれ育った下鴨神社は賀茂川（写真A）と高野川、二つの河川の合流地点に鎮座する。神社境内の糺《ただす》の森の中には、いくつもの小川（写真B）が流れており、森の静けさと木々の葉音、川の瀬音が絶妙に響き合う。きっと『方丈記』の作者、鴨長明は川の風景と音を見聞きしながら生《お》い育っていったのであろう。災害の惨禍、窮迫する人々の暮らし、そんな光景を目のあたりにした長明は眼前を流れゆく川を見つめながら、重い思案にふけっていたのではなかろうか。

川の流れは癒《いや》しを与えてくれる。ささくれだった都会人の心を鎮《しず》めてもくれる。追いまくられる現代生活の中で安らぎを与えてくれる。生活にうるおいを与えてくれる（写真E・F）。川の力ははかりしれない。恋人と語り合うのも川べりだし、家族、友人たちとむつれまじらうのも川端である（写真F）。川を見たい、川を眺めたいとの欲求は誰にでもある。だが、都会地の川は急速に姿を消した。その多くは蓋《ふた》をされ、暗渠化された（写真G）。さもなくば、上部は高速道路が覆《おお》いかぶさり、川はどす黒い、排水路となってしまった（写真H）。まれに残る川も両岸はコンクリートの護岸と鉄柵でいかめしく固められ、川の風情は今や全くなくなってしまっている。川端に

H：日本橋川の上を覆った高速道路。奥に見えるのが日本橋

たたずみ、川床の桟敷にすわり、小舟をあやつり、川に浮かぶという日本の川の風景はほとんどなくなってしまった。

未曾有の災害に見舞われた二〇一一年も間もなく暮れる。その年暮にあたって、もう一度、川を眺めてみよう。川べりからでも、橋の上からでもしばし川の風景に目をとめてみよう。寒風吹きすさぶ冬の川であっても、きっと川は我々に何かを語りかけ、何かを与えてくれるだろう。川を守ろう。蓋をされ、地中に埋められた川にもう一度、太陽を当てよう。自然をとり戻そう。これこそが二一世紀の日本の目標なのではなかろうか。

（浅見和彦）

［初出：高尾山の自然をまもる市民の会会報
二〇一一年十二月十四日　No.二八一］

第四章　都市

平城京——朱雀門・大極殿復原の問題点

二〇一〇年十一月七日、平城京遷都千三百年祭が閉幕した。四月二十四日の開幕からおよそ六カ月間の会期ではあったが、来場者数は当初の予想を大きく上回り、一七四〇万人（予測の一・六倍）、経済効果も約九七〇億円という大成功の催しであった。公式マスコットの「せんとくん」のＰＲ効果も約二二五億円。「せんとくん」は初登場のころの評判の悪さを見事にくつがえしての大活躍であった。中心会場となった平城宮跡へも予想値の一・五倍の三六三万人の人が訪れた。日本列島のあちこちが不景気の黒い雲におおわれている昨今、まことに景気の良い話で祝着至極の限りである。

平城宮跡の会場で最も人気を集めたのが、復原された朱雀門《すざく》（写真Ａ）と大極殿《だいごくでん》であろう。来場者の多くが建物を背景に記念写真をとっていた。いにしえの奈良の都を、千三百年前の天平人の気分を味わって、歴史を体験、歴史を実感したと思った人々もきっと多かったに違いない。そうした人々の感動に決して水を差すわけではないが、この催しにはいくつか問題点が実はあった。

A：「再建」された朱雀門。本当にこういう形であったかどうか。

そのまず第一点は復原された朱雀門や大極殿が奈良時代にあの形であったかどうかである。発掘の成果から建物の平面の規模は大体のところ推定可能であるが、建物の上部構造、すなわち大きさや形を明らかにすることはきわめて難しい。「いくら厳密な考証を重ねても多くの部分が推定とならざるをえない」（『東京新聞』二〇一〇年七月一日、中川理氏＝建築史）のである。しっかりした根拠もないのに、復原と称して「平城京の朱雀門です」「平城京の大極殿です」と多くの観客に見せてしまうのは「極端にいえば歴史をねつ造するようなことになるのではないか」（中川氏）というのである。高名な考古学者の森浩一さんも「平城宮の朱雀門があういうかたちであったという証拠を持って来い」と強く批判されていた。「これが朱雀門」「これが大極殿」と説明されれば、誰だってそれを信じ込

木造文化財　再建ピンチ

大木足りぬ　宮大工、窮状訴え

木の文化の「粋」と言える木造の巨大建造物を伝承していけるのか――。日本の森でヒノキなどの大木はすでに取り尽くされ、輸入も難しくなっている。3日に奈良市であった「国民参加の森林づくり」シンポジウム（第35回全国育樹祭奈良県実行委員会、国土緑化推進機構、朝日新聞社、森林文化協会主催）では、宮大工棟梁が窮状を報告。林業家らを交え、将来の方策を語り合った。（長崎緑子）

「森林づくり」奈良でシンポ

「間伐材使うことから」

『朝日新聞』夕刊：2010年11月11日付

み、それに基づいて平城京の姿を思い描いてしまう。これらを見せられた小学生、中学生たちが奈良時代という時代に間違えた考えを持ってしまうのではないか。それがとても心配だ。

問題点の第二は、巨大木造建築を建造する際の森林資源の問題である。去年（二〇一〇年）四月、平城遷都千三百年祭に合わせて完工した大極殿は横四四m、奥行き二〇m、高さ二七m、およそ八階くらいのビルの高さに相当する。これを直径七〇cm、長さ五mのヒノキの柱が支える。これにかなう木材をさがすのは困難をきわめた。樹齢三百五十年から四百年程度のヒノキをさがし回ったが、実際に手に入ったのは二百五十年から三百年の木で、年輪が詰まっていない分、強度が落ち、建築にあたった宮大工棟梁の瀧川昭雄氏は「法

「清水」の舞台裏を支える柱の調査　『読売新聞』2010年6月14日付

隆寺のように千年もつかどうか分からない」（『朝日新聞』二〇一〇年十一月十一日夕刊）と言っている。大極殿に先立って一九九八年に再建された朱雀門の場合はまだ樹齢四百年前後の天然ヒノキが使えた。しかし、この時、森林の保存、維持のため、最後まで残しておいた「種木」も切ってしまったのだ。木を切ってしまえば、その再生には四百年かかる。平城遷都千三百年祭を盛り上げるためとはいえ、日本の山からは古木、大木といわれる貴重な天然木が次々と切り倒され、森林資源は大きな痛手をこうむったのである。

日本の寺社建築には木造のものが多い。清水の舞台で知られる京都の清水寺もその一つ。あの舞台や本堂を支えるために樹齢数百年のケヤキ一三九本が使われている。二〇一〇年の春より柱木の本格的な調査が始まった。その結果、中に空洞があるものや亀裂があるものがあることが分かった。四百年後には柱ごと取り替える大規模な修理が必要だといわれる。清水寺ではそれに備えて、十年ほど前から京都府内の山林を買い取り、ケヤキやヒノキ六〇〇〇本を植林し、四百年後に備えている。もうすでに二mの高さまで育ってきているという。今年の漢字の揮毫《きごう》で知られる清水寺貫主の森清範《もりせいはん》さんによれば、

「（四百年後は）どうなるかわかりません。

でもこれ（植林）をやらんことには……」

とその決意のほどを語っている。木を育てる心、木を愛する心が伝わってくる。

建造物の復原は場合によっては必要なことだろう。しかしその復原には最大限の慎重さが求められる。本当にその復原は正しいのか。復原することによって様々な側面への影響はどうなのか。復原は将来のために本当に必要なのか。目先の利益や盛り上がりを追い求めるのではなく、それこそ四百年先まで見越した復原であるべきなのではなかろうか。

（浅見和彦）

［初出：高尾山の自然をまもる市民の会会報　二〇一一年一月十二日　№二七〇］

新宿御苑――高層ビルの景観破壊

東京都内には憩いの場ともいうべき公園がいくつか残されている。新宿御苑もその一つ。広さ約一八万坪、周囲三・五㎞という広大な公園である。園内には巨木、高木が生い茂り、武蔵野の面影を今なおしのぶことができる。梅、桜、そしてバラ。折々の季節の花が咲き乱れ、静かなひとときを過ごすことができる場所である。

二〇一〇年の末、久々に御苑を訪れた。私は毎年、大学の学生諸君と遠足と称して、近郊の名所を遊覧することを行事の一つとしているが、今年度は新宿御苑に行くことに決めた。「都心にこんな広大な、自然いっぱいの場所があるなんて、知らなかった」というのが学生たちのもっぱらの感想だった。

しかし、私は驚いた。周辺の風景は昔と変わり一変していた。御苑は新宿の高層ビルに取り囲まれ、かつて見た新宿御苑の姿では全くなくなっていたのである（写真）。

近年、高層ビル、高層建築が急速に増えた。新宿をはじめ、品川、丸の内、巨大なビルが「あれよ、あれよ」という間に建ち上がってしまった。以前はそれが都心部であったが、ここ一、二年は郊外へと広がってきた。中央沿線でも八王子に三鷹に住居兼店舗の高層ビルが完成、中野駅前にも高層の建物が建てられた(注)。いずれも一〇〇m前後、階数も四〇階を超えるものもある。住居、店舗の他、行政の窓口や市民ホールなども併設されることも多く、便利となることは間違いない。そして何よりも眺めがいい。富士山が見える、スカイツリーが見える。その眺望はいうことなしである。

しかし、問題はないのだろうか。実は高層建築は大学にも広まってきている。國學院大学、法政大学、明治大学等、高層化の波は広がっている。私の勤務先の成蹊大学にも五〇m近い建物がすでに建っている。ある時、共著者の川村晃生さんをお連れした時、「眺めがいいということは、周りの眺めを悪くするということですよ」といわれたのを今でもよく憶えている。眺望の良い高層建築というのは、逆に周囲の景観を壊しているという裏側の事実を我々は忘れてはならない。

愛媛県松山市の道後温泉。夏目漱石の『坊ちゃん』で有名な温泉で、お出かけになった方も多いに違いない。主人公の「坊ちゃん」が泳いだとされるのが道後温泉本館（国重要文化財）。温泉も良いが、建物も素晴らしい。しかし、その文化財も周囲にビルが林立する（一二二頁上の写真）。東京芝の増上寺の山門の後には東京タワーが突っ立っている（一二二頁下の写真）。札幌の時計台（国重文）はビルの中に埋まり、広島の原爆ドーム（世界遺産）の周辺にも高層マンションが立ち並んでしまった。こうした由緒ある建物や文化財を景観の面から守っていくということはできな

新宿御苑（東京都新宿区・渋谷区）は江戸時代高遠藩内藤家の下屋敷。日本庭園、西洋庭園、桜園地などに分かれ、都民憩いの場。しかし周囲は高層建築に取り囲まれている。

成蹊大学の12階建の建物。近年大学の高層化が進んでいる。

中野駅前（東京都中野区）に建った高層ビル。

由緒ある道後温泉本館（右端）。夏目漱石『坊ちゃん』の舞台で有名。周囲はビルに囲まれ、建物の全景を撮るのが難しい。

徳川家の菩提所の増上寺の山門（重要文化財）

いのであろうか。二〇〇六年国立市《くにたち》（東京）の一四階建てマンションの建設をめぐって最高裁は初めて「景観利益は法律上保護に値する」と判断した。せっかくのこの判決が今少しずつ忘れ去られようとしている。

そもそも日本の風景に高層の建築は似合わない。なだらかな稜線の山々、平らで緑豊かな野や畑、川もあり、海もある。きわめて人間に親和的な風景が日本の景観の特徴である。人間が近付くのを峻拒するような外国の山々とはわけが違う。人に優しい、柔らかな景観に、天を衝くような高層の建築物は不要であった。欧米の建築が上へ上へと伸びようとしたのに対して、日本は横へ横へと広がっていった。外国の教会の高い尖塔がその風景であったのに対して、日本の建築は寝殿造りをその例として、低く、横に広がるのを美しいとしたのである。〝高さの美学〟に対し、日本は〝低さの美学〟を持っていたのである。寺院の五重塔は背景の山並みとよく調和して、えもいわれぬ美しさを今に見せている。それに対し、近年の建築は個々の建造物としての意匠に

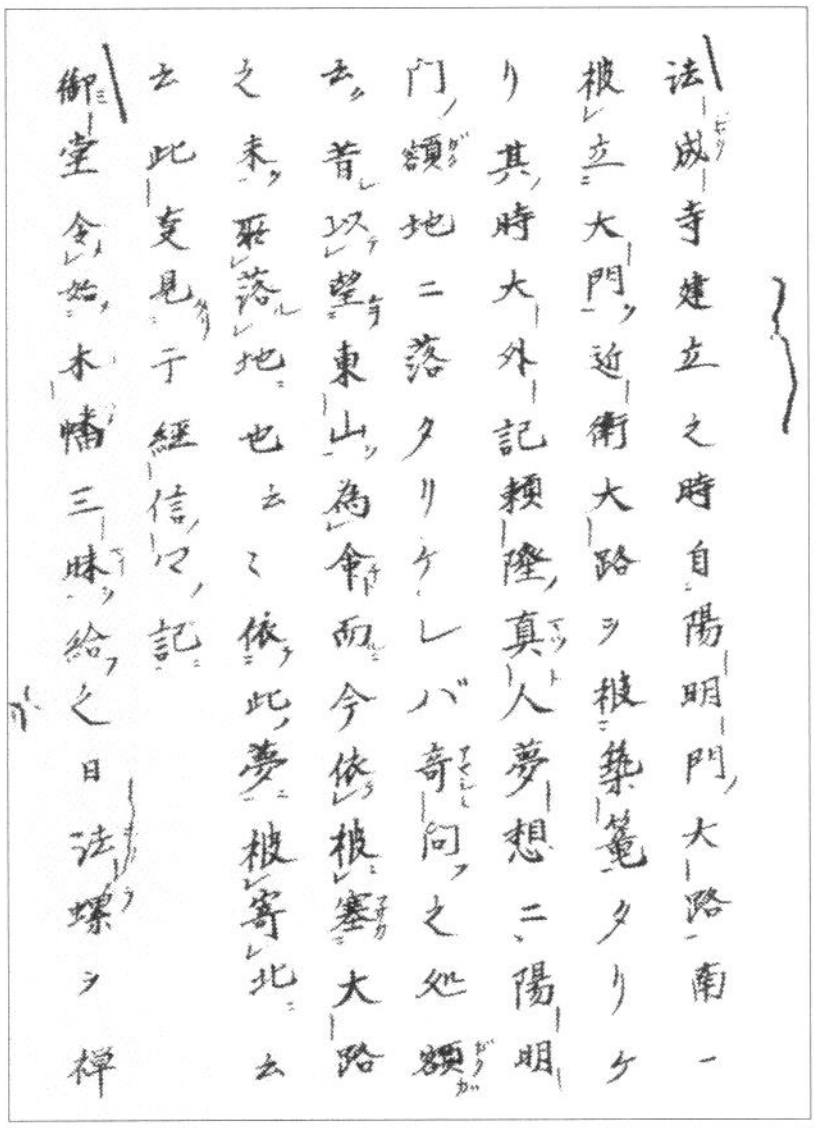
法成寺建立之時自陽明門大路南一
被立大門近衛大路ヲ被築籠タリケ
リ其時大外記頼隆真人夢想ニ陽明
門額地ニ落タリケレバ奇向之処額
云々昔以望東山為拿而今依被塞大路
之来落地也云々依此夢被寄北云
云此支見于経信ノ記
御堂令始木幡三昧給之日法螺ヲ桿

『古事談』（巻5・44話）門額が落ちたことを伝えている。

JR山形新幹線かみのやま温泉駅（山形県上山市）の直近に建った高層ビル。周りの田園風景と甚だしい違和感がある。

様々な工夫がなされているとはいえるものの、周囲の景観や町の風景とどう合うか、どう調和するかという観点をおろそかにしているといえないだろうか。もしも京都の龍安寺の石庭の向こうに高層ビルが建ってしまったらどうなるか。京都御苑を見おろすような高層建築が周囲に建ってしまったら、どんな風景になるだろうか。考えてみただけでおそろしくなる。石庭も御所も比叡山や東山を借景に取り入れて、その美景を達成しているのだ。周囲の景色も後景の山々も風景の一部であって、そこが勝手にいじくられ、破壊されたら困るのである。文化的景観、歴史的景観は誰のものでもない、国民みんなのものなのである。

西暦一二〇〇年ごろに『古事談《こじだん》』という本が作られた。その中に載る一話。ある人の夢に京都御所の陽明門の門額が地面に突然落下した。落下のわけをたずねると、額は「近くに大きな寺が建てられて、美しい東山の姿を見られなくなったからだ」という。それを聞いて建造中の寺の位置をずらしたというのである。

平安時代の景観問題。日本人は古くから風景を愛していた民族なのだ。

（浅見和彦）

［初出：高尾山の自然をまもる市民の会会報　二〇一一年二月九日　№二七二］

※注　高層ビルの建設は関東・東京圏に限らない。山形県上山市のＪＲ山形新幹線の「かみのやま温泉駅」の駅前にも一三四メートルのビルが建てられた（前頁の写真参照）。なお、甲府駅前のビルについては一三一頁を参照して下さい。

甲府駅前——ちぐはぐな駅前開発

本章は、私の住む甲府の町の話である。

甲斐の国といえばすぐに武田信玄が思い起こされるが、それ以後の歴史はあまり語られることがない。

甲斐の山々　陽に映えて
われ出陣に　憂いなし
おのおの馬は　飼いたるや
妻子につつが　あらざるや　あらざるや

祖霊まします　この山河
敵に踏ませて　なるものか

人は石垣　人は城
情は味方　仇は敵　仇は敵

昭和三十六年（一九六一）、米山愛紫によって作られたこの「武田節」の歌句にもあるように、「人は石垣　人は城」の一節の背景には、信玄が城を築かなかったという歴史があり、従ってあまり語られることのない信玄以後の歴史を知らない者は、中央本線甲府駅に降り立つと、城の石垣が現存するのに驚くのである。

信玄没後十年も経たない天正十年（一五八二）、信玄の跡目を継いだ武田勝頼が天目山麓で自害し、武田氏は滅亡したが、遺臣の多くが徳川家康に登用され、旗本や御家人になった者も少なくなかった。そうした背景から、のちに甲州は幕府直轄地となるのだが、その中で本格的に甲府築城を目指したのは、宝永元年（一七〇四）に甲府城主となった柳沢吉保で、この時甲府城のほぼ原型ができ上がったのである。以後吉保の子、吉里が甲斐国守となるが、享保九年（一七二四）に吉里が大和郡山に転封されると、甲斐国はすべて天領とされ、それからは甲府勤番の支配下に置かれるようになって、明治維新を迎えるに至るのである。

明治三十六年（一九〇三）、中央本線が開通した。その時甲府駅が造られて、最も被害を蒙ったのが甲府城（通称舞鶴城）であった。鉄道の着工時から甲府駅の位置の問題は、甲府市議会でも議論の的となり、結局、甲府市の西北部で市街の中心点に接近している所という結論に至り、甲府城北部が選定されたのである。そのために中央本線のレールは、甲府城内の北部を突っ切るかたちになり、甲府城は駅舎とレールによって分断されることになってしまった。つまり甲府城の北側の一部が、中央本線の開通によって消失してしまったのである。そしてそれ以後、中央本線と甲府駅の必要性と利便性から、そのことは甲府市民から徐々に忘れ去られていった。

昭和二十五年（一九五〇）、甲府市北部が住宅地化して人口が増えていくのに伴い、それまで甲府駅は南側に改札口が設けられていただけだったのが、北側にも改札口が造られ、甲府駅北口として利用されるようになった（図A）。そして以後、甲府駅北口は、人口の増加とともに利用度が年毎に増していった。さらにそれに加えて、甲府市北部には、武田神社、積翠寺温泉、湯村温泉といった観光地や保養地があったために、市外や県外から訪れる人々も、甲府駅の北口を多く利用したために、南口とは別の意味でのもう一つの玄関口としての価値を持つようになっていったのである。

A：甲府駅北口。写真は昭和59年にとり壊される前のもの。『昭和写真大全／甲府』（郷土出版社、2010）

そして甲府駅北口の新たな整備計画が始まった。その大きな中心となる整備は、中央本線の開通によって甲府城から消失してしまった山手御門の復元工事である。山手御門は平成十八年（二〇〇六）に新都市拠点整備事業の一環とし

B：山手御門の正面。右奥に、駅舎をはさんで、再建された甲府城が見える。

て完成し、駅舎とレールを挟む形で甲府城の往時の面影を偲ばせることになったが（図B）、同時に中央本線が甲府城を分断して敷設されたことについても、あわせて人々の認識を新たにさせることになったのである。

ところがこれと前後する平成十九年に、甲府駅東側二〇〇～三〇〇mのところに、高さ九四mに及ぶ、甲府で最も高いビルが造られた。民間のマンションで、甲府市のどこからでも見える白い目に立つ建物である。甲府駅の陸橋から直下の山手御門を見下すと、その背後にこのマンションが聳え立ち、どうにも景観としてこの二つがそぐわないのである（図C）。それは新しい景観や空間を創造しようとして、かえって景観を破壊してしまったとでも言っていいような事例である。甲府駅北口に新しい歴史景観を創造し、県民や市民にふるさとの歴史への思いを深めさせ、訪れてくる県外客に一つの観光スポットを提供しようという行政側の意図は分からないでもないが、――もっとも私自身はこの山手御門の復元が歴史景観の再生として、甲府駅周辺の新たな景観創造という点で好ましいものかと言えば、かなり否定的ではあるが、それにしても――マンションとのバランスは、余りにも不均衡であると言わざるを得ない。

もし歴史景観を重んじるというのであれば、それに見合う形で、建物の高さ制限を含む景観条例の整備を急ぐべきであったろう。じじつ甲府市の景観条例の制定は出遅れて、翌平成二十年

C：山手御門を見る角度を少し変えると、こういう不釣り合いな風景になる。

D：駅北口の広場に、孤立する睦沢学校校舎。観光の目玉にしたいということか。それにしても場所の雰囲気と合わない。

十二月まで待たねばならなかった。しかもそれによっても、当該地域は商業地域であることから、高さ三一ｍがいちおうの目安の規制値で、ケースによってはそれを越える建築も許されている。景観の創出という点においては、確固としたグランドデザインを議論し、描いておくべきだったと悔まれてならない。

ところが問題はこれにとどまらなかった。山手御門に隣接して、国重要文化財旧睦沢《むつざわ》学校校舎が移築されたのである。睦沢学校校舎というのは、明治八年（一八七五）に巨摩郡睦沢村（現甲斐市）に、当時の山梨県令（知事）藤村紫朗によって建てられた擬洋風建築の小学校の校舎で、藤村はこうした建物を学校のみならず官公舎や商家にも奨励したので、いまはこの睦沢学校校舎を藤村記念館と通称している。その藤村記念館が昭和四十一年（一九六六）に、甲府市北部にある武田神社の境内に移築されていたのを、今度は甲府駅北口に再移築したのである（図D）。

そんなわけで甲府駅北口に奇妙な景観が現出することになった。もともとそこにあったであろう山手御門が復元され、その隣に明治時代の小学校校舎が場違いな趣をたたえて移設され、そしてその背後にノッポビルが聳え立つ（図E）、という景観である。この景観は、まるでおもちゃ箱をひっくり返したような景観だ。何の意図も統一性もなく、ただひたすらに乱雑である。景観は博物館の展示ではないはずだ。その景観の中に身を置いていると心が安らぐといった快適性が、景観の持つ最も重要な意味性であるはずであり、それこそが景観創出の最大のキーポイントであろう。もし景観の属性の中に、歴史という要素が必要とされるなら、それはその精神上の快適性

E：この右手に山手御門がある。全体の景観としていかにも統一性を欠く。

にこそ深く関わるはずのものである。

山手御門と睦沢校舎、それに背景としてのノッポビル、この珍妙ともいうべき取り合わせは、そうした意味の景観創出とは全く無縁で、ただの歴史品の展示にすぎない。しかもノッポビルという歴史性を破壊するようなおまけ付きでだ。

日本の都市景観の創出は、いまだ未熟で稚拙の域を出ないことがしみじみと実感される。

（川村晃生）

（追記）本稿をなすにあたり、石川博氏から資料の提示を頂戴した。記して感謝申し上げる。

［初出：高尾山の自然をまもる市民の会会報
二〇一一年六月八日　No.二七五］

慶応義塾——文化と芸術に無頓着な大学

本章は私が勤めていた大学のキャンパスの話である。

慶応義塾大学は、安政五年（一八五八）に福沢諭吉が蘭学塾を開いたことをその発祥とする。十年後に慶応義塾と命名され、明治四年（一八七一）に東京府から三田の島原藩邸が貸し下げられるのを受けて、新銭座《しんせんざ》（現港区東新橋二丁目）から現在地に移転した。福沢はわが国の近代化を進める上で、「演説」の重要性を説いて「演説館」を建設したが、一方でもう一つ人間の交流の重要性も重視して、人々の交流を促す場として「萬来舎」を建設した。千客万来の語に基づいての命名であるが、この萬来舎が今回の話題になる。

この萬来舎は、建物を変え場所を移しながらも、慶応義塾のシンボル的な建物の一つとして、長く引き継がれてきたが、昭和二十年（一九四五）戦災によって取り壊されることになった。

しかしその後、福沢の精神を引き継ぐという意味合いもあって、昭和二十七年（一九五二）に新萬来舎が再建されることになったのである。

その新萬来舎の設計を引き受けたのは、東京工大教授も務めた建築家の谷口吉郎であった。谷口は新萬来舎のみならず、幼稚舎校舎を初めとして二〇を越える慶応義塾の施設を設計したが、谷口は建築の重要な要素として「環境美」を重視する人で、芸術と建築の融合というテーマを目指していた。

その谷口が新萬来舎の構想を練っていた昭和二十五年、谷口は当時の慶応義塾塾長であった潮田江次を介して、たまたま来日していた彫刻家のイサム・ノグチと邂逅《かいこう》する。イサム・ノグチは詩人野口米次郎を父親としたが、母親は米国人であったため、戦時中は微妙な立場にあった。そ

A：演説館に隣接して、瀟洒なたたずまいを見せていた新萬来舎

B：疊の一角を有するノグチ・ルーム。ガラス越しに、イサム・ノグチ作「無」が見える

のイサム・ノグチが敗戦後の日本を訪れ、その荒廃ぶりを眼のあたりにした時、戦渦の惨状がまだ癒えぬ慶応義塾の三田キャンパスの復興に力を傾けようとしている谷口に出会ったのである。そして谷口の建築と芸術の融合を目指すという意図を汲んで、芸術の分野

C：よく知られる演説館。慶応義塾の象徴的な建物で、現在も時折利用される

D：旧図書館。演説館と並んで、慶応義塾を代表する建築物

をイサム・ノグチが担うことになった。すなわち、ノグチが新萬来舎の庭園と彫刻を、谷口が建築を担当し、昭和二十七年に完成に至るのである（図A）。

とくに両者の融合が見られるのは、のちにノグチ・ルームと呼ばれるようになる談話室であった。室内の一部に畳《たたみ》の部分を擁する、狭いながらもゆったりとした空間を造形するこの談話室からは、西側に瀟洒《しょうしゃ》な庭園がひらけている。そしてそこに「無」と題される輪形の彫刻が置かれ、時として落ちる夕日がその輪の中に入るように設置されていた（図B）。戦後、精神的にも物理的にも大きな傷を受けたこの国の中で、いち早く建築と芸術の融合を目指したアートが大学構内の一画に発現し、しかもそれは、のちのちモダニズムの空間デザイン史上きわめて高く評価されるようになる程のものであったことは、慶応義塾の大いに誇りとしてよいことであろう。そしてこの新萬来舎は、一階を留学生の教育施設、階上を研究室として使用され、以後長い間慶応義塾に関わる人たちに愛されるところとなった。しかも建てられた場所が、演説館（図C）に隣接する構内南西部の隅の一画であったため、対極の北東部の隅にある旧図書館（図D）と並んで、静かで落ち着いたたたずまいの中で、慶応義塾の歴史的雰囲気を醸し出す場ともなっていったのである。

ところが平成十四年（二〇〇二）、大変な問題が起こった。事の起こりは法科大学院（ロースクール）の建設という問題であった。この問題を協議する「新大学院環境整備検討委員会」が、この新萬来舎のある場所に、それをとり壊し移設する形でロースクールを新たに建設することを決めたのである。

この決定に対して慶応義塾の教員やOBから異論が出始め、河合正朝文学部教授（当時・美学美術史学専攻）らが「新萬来舎／ノグチ・ルームの保存を要望する会」を結成し、萬来舎の保存運動を始めた。平成十四年秋のことである。同会は大学当局に対し新萬来舎保存の要望書や声明を出したり、署名を募ったりして当局の方針の変更を迫った。またイサム・ノグチの遺族も大学に保存を強く要望、日本イサム・ノグチ財団理事であるショウジ・サダオ氏らが「新萬来舎の保存を望む国際的共同体」を結成した。さらに平成十五年三月には、東京都港区議会が保存の要望書を採択し、保存の機運はいっそう高まっていった。

一方、保存派の教員やOBは、大学当局に対して意見交換の場を設けることを要請、当局もこれに応じてお互いの立場や見解を述べ合ったが、結局は平行線の議論に終わり、一致した結論を見ることはなかった。だがその中できわめて不可思議な問題が抉り出された。それは、ロースク

E：移設された新萬来舎（右側の建物）。左に「無」が見えるが、空中に位置して本来の総合芸術的意図は全く感じられない

ールを建てずとも適切な貸しビルがあり、それを利用する方が廉価で運営できることが分かったり、また新萬来舎を壊さずともロースクールの建設は可能だとする建設会社があったにもかかわらず、当局は当初のもくろみどおり新萬来舎を取り壊した上で新しい建物を建てるという方針を変えなかったことだ。当局がそれにこだわった理由は、今になっても不明のままである。勘ぐれば契約建設会社との間に何らかの事情が介在したのか、とでも疑いたくなるような不思議なできごとであった。

　こうした平行線を辿る状況の中で、平成十五年三月二十一日、教員有志一一名と財団法人「イサム・ノグチ」は、弁護士六名を債権者代理人として東京地裁に、新萬来舎とイサム・ノグチの彫刻二点及び庭園の解体・移設工事の禁止を求める仮処分命令申立書を提出した。翌朝『朝日新聞』がこれを、「慶大・萬来舎の解体中止を／教授ら仮処分申請」との見出しで報じたが、地裁はこの申請を裁判官三名のもとで約三カ月にわたって審理することとなった。私も債権者の一人としてこの裁判の行方に注目したが、残念ながら裁判官は一度として当該の現場を見ることはなく、ペーパーの上だけでの審理に終始し、結局申請は却下されてしまった。ただ一つの救いとなったのは、移築によって作品の同一性は失われる旨の判決が下されたことで、債権者の主張が一部認められたことだった。

結局新しいロースクールの建物は、南館として新築され、その中三階に新萬来舎は移設されてしまった（図E）。もっとも移設と言っても、新萬来舎は解体され取り壊されてしまったのだから、復元というのがふさわしいであろう。しかも一〇〇分の九〇の縮尺によってである。

さてこの一連の過程の中で明らかになったことは、次の点である。つまり大学当局は移設・復元によってその精神性や空間芸術性は保存されると考えたのに対し、保存派はそれでは精神性や空間芸術性が失われると考えたということである。いったい芸術や精神が、そのミニチュア版によって継承され得るものだろうか。この考え方の相違は、言ってみれば文化観の相違ということだろうが、もしミニチュア版によって継承されるのだと言うのであれば、その考え方は私にいわせれば恐ろしい程に粗雑で稚拙である。ことが大学という文化の継承の殿堂とも言うべき場所で起こっただけに、私には近代化の中で増殖するモノによる精神の荒廃が感じられてならない。

いずれにしても演説館と新萬来舎とが一体となった瀟洒《しょうしゃ》なたたずまいは失われ、ノグチ・ルームを擁した新萬来舎の芸術性は二度と戻ることはない。

（川村晃生）

［初出：高尾山の自然をまもる市民の会会報　二〇一一年七月十三日　№二七六］

第五章　生活

雀——お宿はどこに？

雀が減ってきている。

『東京新聞』の三月九日（二〇一〇年）の夕刊の記事を見て、私は驚いた。記事によれば一九六〇年から今年までのこの五十年間で、その個体数はおよそ一〇分の一に減ったというのである。それからというもの折りあるごとに家の周りにやってくる雀を観察するようになった。たしかに少ない。以前はあれほど、うるさいばかりに鳴きさえずっていた雀は、このところとんと姿を見せず、あの愛らしい鳴き声も聞こえなくなってしまった。

その原因は高層マンションの林立、雀が巣作りできる木造家屋の減少、田圃、空き地、草原などの消滅が主なものである。とりわけ田圃等の減失は雀の好物のモミの減少に直結し、雀の生息自体に深刻な打撃を与えているのである。

古来、日本人の生活は雀とともにあった。『源氏物語』によれば、まだ童女時代の若紫（のちの紫の上）は雀の子を飼って遊んでいた。『源氏物語』と王朝文学の双璧をなす『枕草子』でも、

心ときめきするもの、雀の子飼ひ……（二六段）
うつくしきもの（＝かわいらしいもの）、瓜に書きたる乳児《ちご》の顔、雀の子の鼠鳴《ねずな》きするに（＝チュッチュッと呼ぶと）、躍り来る（＝ピョンピョンやって来る）……（一四四段）

と、かわいらしい雀の子鳥のさまが描かれている。これらからすると、平安時代、雀は子どもたちによって飼われ、遊ばれていたらしい。雀は平安人にとっても愛嬌あふれる身近な存在であったのである。

しかし、こうしたことは童幼の世界であって、大人たち、それも貴族たちの世界にあってはなぜか不人気で注目されることは少なかった。『源氏物語』や『枕草子』と並んで王朝文学を彩る和歌の世界では雀は詠まれることはなく、『古今集』から『新古今集』にいたるまでの勅撰集では雀はただの一首も詠まれなかった。鶯や時鳥《ホトトギス》は繰り返し、和歌に登場してくるものの、雀はなぜか嫌われもので、和歌の題材に取り上げられることは、きわめて

少なかった。おそらくそれは雀の毛色、鳴き声が美しくなく、貴族たちの美意識に合わなかったからであろう。鶯や時鳥と違って集団で群れている（群雀《むらすずめ》という言葉がある）ことが多いのも、その一因であるかもしれない。ともかく貴族たちの目には雀は下品で、野卑で、土俗的な鳥として映っていたのである。

しかし、そんなふうに差別され、見捨てられてきた雀に注目した作家がいる。まず江戸時代の俳人、小林一茶である。

雀の子そこのけそこのけお馬が通る
我と来て遊べや親のない雀

いずれも一茶の名句としてよく知られている。一茶は三歳の時に実母と死別、継母がやってきたのは一茶八歳の時のことであったという。孤児、継子としての哀しみを一茶は十分味わいつくしてきた。そんな孤独な体験がにじみ出ている。一茶には雀を詠んだ句は他にも多い。

雀子や仏の肩にちょんと鳴く
慈悲《じひ》すれば糞をするなり雀の子

ともすれば、無視され、見捨てられてきた雀に無量の愛情と共感を一茶は持っていたのである。

雀に注目した作家として、もう一人あげれば北原白秋であろう。

海は荒海。
向こうは佐渡よ、
すずめ啼け啼け。もう日はくれた。
みんな呼べ呼べ。お星さま出たぞ。

「砂山」の名で知られる、日本を代表する童謡の一つである。歌の主人公は佐渡の荒海と砂丘、そして雀たちである。省略してしまったが、曲の二番では「すずめちりぢり、また風荒れる」、三番では「すずめ。さよなら。さよなら。あした。」と

北原白秋自筆の雀の絵

全曲にわたって雀は歌われる。白秋の視線はずっと雀にそそがれ続けているのである。

北原白秋も大の雀好きであった。白秋には雀に焦点をあてた『雀の生活』という随筆集がある。

雀を私は観ています。常に観ています。観ていると云うより、常に雀と一緒になって、私も飛んだり啼いたりしています。雀は全くかわいい。彼は全く素朴で、誠実です。

折しも貧窮のどん底にあった白秋は雀に自己を投影し、いつしか一体化してしまっている。

雀は貧者の宝です。いい慰めです。
雀は老後の慰めです。
雀の声は喜びです。
人間も寂しい、雀も寂しい、雀を思うと涙が流れます。

雀は貧者、老者、弱者の友で、常に慰藉《いしゃ》してくれる存在であった。弱者目線、庶民目線の先に雀はいつもあるのである。

そんな雀が、今減ろうとしている。この秋（二〇一〇年）、名古屋で生物多様性条約のCOP10が開かれる。その議題の中に是非とも雀を加えてあげたい。

〔追記〕童謡『砂山』の舞台は新潟県の寄居浜。ここの景観破壊については『壊れゆく景観――消えてゆく日本の名所』（慶應義塾大学出版会）で川村晃生氏がとりあげている。

なお、童謡の作者北原白秋は、高尾山にいくども足を運び、山内には歌碑も建つ。

（浅見和彦）

〔初出：高尾山の自然をまもる市民の会会報　二〇一〇年七月十四日　№二六四〕

ナラ枯れ――山のミドリが消えていく

今夏（二〇一〇年）はいうまい、いうまいと思っていても、やはり「暑い」「暑い」という言葉の連続であった。

所用あって、京都に一カ月滞在した。京都の夏は暑いというのが定評で、それなりの覚悟はして行ったのだが、やはり暑かった。連日三七度前後の高温の中、居場所も、寝場所もないくらいだった。そんな猛暑の中、例年通り八月十六日夜、五山の送り火（大文字焼）が行なわれた。午後八時になると、京都市内のネオンサインなどがいっせいに消され、暗い夜空に東山如意ヶ嶽の大文字がくっきりと浮かび上がる。見物客から拍手がわきおこる。八時十分には松ヶ崎の「妙」、「法」、十五分に西賀茂の船形、金閣寺近くの左大文字、そして二十分に嵯峨の鳥居形が点火されて終わる。かつては北区にある船岡山（一一二m）にのぼると五つの送り火をすべて見ることができたが、今ではビルに邪魔されて、もう見えない。

この五山の送り火はお盆行事の一つで、家に帰ってきていた祖霊、精霊たちをあの世に送り返

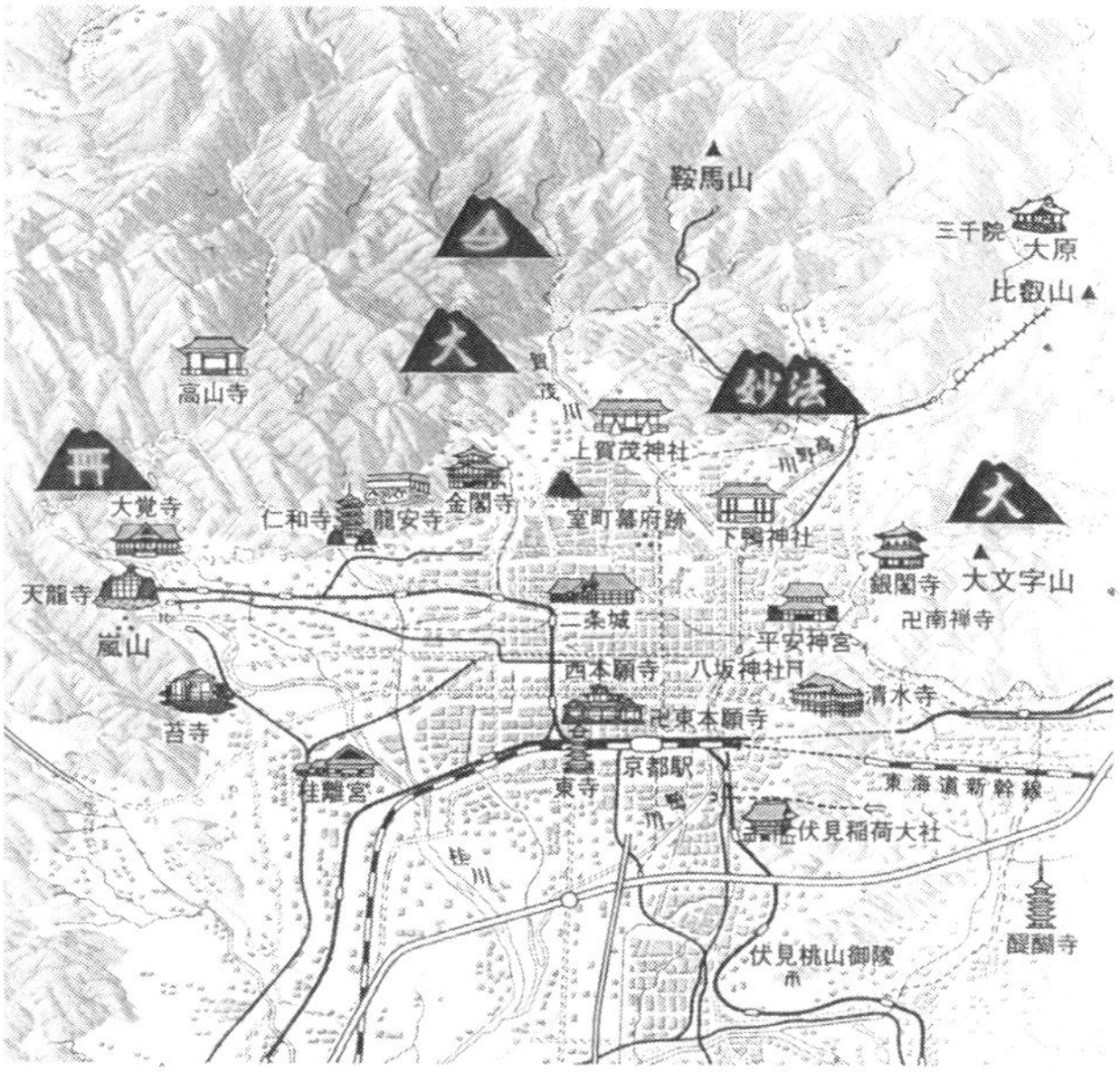

五山送り火と船岡山（▲印）帝国書院版より作図

すための敬虔な火の祭りであった。発生は正確には解らないが、室町時代後期ごろに始まったものらしい。江戸時代には現在の五山の他に、市原野《いちはらの》の「い」、鳴滝《なるたき》の「一」、西山の「竹の先に鈴」、北嵯峨の「蛇」、観音寺の「長刀《なぎなた》」など五つあったが、残念ながら今は廃絶している。また明治維新直後には〝迷信〟という名のもとに、十年間中止させられていた時期もあった。今は観光客でにぎわう大文字焼にもいろんな歴史があったのである。

その大文字焼が今、一つの危機に見舞われている。送り火が行なわれる京都の東山、北山、西山の

「三山」で急速に広がった樹木の「ナラ枯れ」である。一本の木がまるごと赤茶けて、立ち枯れする現象である。カシノナガキクイムシ（カシナガ）という昆虫によって運ばれるナラ菌という病原菌によって樹木の導管が詰まり、通水不能となってわずか一〜二週間で枯死してしまう、恐ろしい病気である。翌年には枯死した木から一本当たり数万匹のカシナガが発生すると推定されており、第二の松クイ虫ともよばれている。京都市によれば、二〇〇六年に初確認され、二〇〇七年には七〇〇本、二〇〇九年には四〇〇〇本、今年は二万本近くになるという。私が滞在していた京都の嵐山でもわずか一カ月の間にナラ枯れはみるみる拡大し、赤茶けた無残な枯木の立ち姿は哀れで痛々しいばかりであった。濃い緑でおおわれるはずの嵯峨の山並みは所々で変色し、山の景観は著しくそこなわれてしまった。大文字焼が行なわれる東山でも被害は甚だしく、ナラ枯れた枯木に飛び火しないよう、今年は火床の薪を二割ほど減らしたという。

ナラ枯れの原因は様々考えられるが、地球の温暖化がその一つであることは間違いない。ナラ枯れをおこすカシナガという昆虫はそもそも南方系の虫で、九州から沖縄、台湾、ニューギニアあたりに生息していた虫である。それが温暖化によって、本州全域に生息域を広げ、今夏の猛暑で被害を一気に拡大させたのだ。奈良の若草山、神戸の六甲山、秋田県、山形県でもナラ枯れは広がり、どの地域でも前年の数倍から、ところによっては五〇倍、一〇〇倍の被害になっているという。恐ろしいのは有効な防除の手段がいまだないということである。わずか一〜二年の間に急激に広がったこのナラ枯れ、何年後かには日本全土から緑の山が消えてしまうかもしれない。

温暖化の影響は様々な面で顕著にあらわれてきている。暖地の特産であったスダチやユズの栽培が山形など東北地方で始まり、埼玉県ではマンゴーやサトウキビの試験栽培が開始された。これなどは温暖化の副産物といった感もあるが、米の生産などについていえば、コシヒカリなどの適産地が新潟、富山、福井の北陸三県から、秋田県など東北地方に変わりつつある。

地球の高温化の深度は予想よりかなり早い。今夏の東京を見ても、三五度以上の猛暑日は一三

ナラ枯れの広がった大文字山。『京都新聞』2010年8月14日から作図。

京の「三山」ナラ枯れ急増

被害食い止め 緊急調査

府・京都市 近く合同対策会議

京都市の東山、北山、西山の「三山」などで、赤っぽく枯れたナラやカシの木が急増している問題を受け、京都府と市は近く合同で対策会議を設立する。ヘリコプターによる上空からの緊急調査を実施し、景観や安全上問題のある木を特定して優先的に伐採、被害拡大を食い止める。

市によると「三山」でのナラ枯れは2006年に初確認した。被害は年々広がり、07年に700本、09年には4千本、今年は猛暑の影響もあり2万本近くに上るとみられる。

府内では、1993年に旧大江町（現福知山市）の約1㌶で初めて確認され、96年に府北部を中心に287㌶に拡大。その後、北部では伐採などで被害は縮小に向かう一方、被害エリアは京都市や宇治市などの南部に移り、09年は府内55㌶で確認している。

被害木は幹が折れる恐れがあり危険なうえ、「三山」は市内の景観の重要な要素で枯死すれば景観も損なう。これまでも被害木は伐採してきたが、枯死した木が多く処理が追いつかないのが現状だ。

安全・景観損なう木 優先的に伐採

このため、府市合同で20日と9月9日の2回に分け、西京区大枝付近から伏見区桃山御陵付近まで市街地を取り囲む「三山」と、長岡京市や大山崎町などの被害状況をヘリで上空から調査する。被害木の本数や場所を特定し、民家周辺などで安全上問題がある木や、景観を損なう木から優先して伐採していく。

ナラ枯れは、カシノナガキクイムシが、ナラなどブナ科の木に穴を開けてカビ菌を内部に持ち込み、木が水を吸い上げられなくなることによって発生する。（小川卓宏）

『京都新聞』2010年8月14日

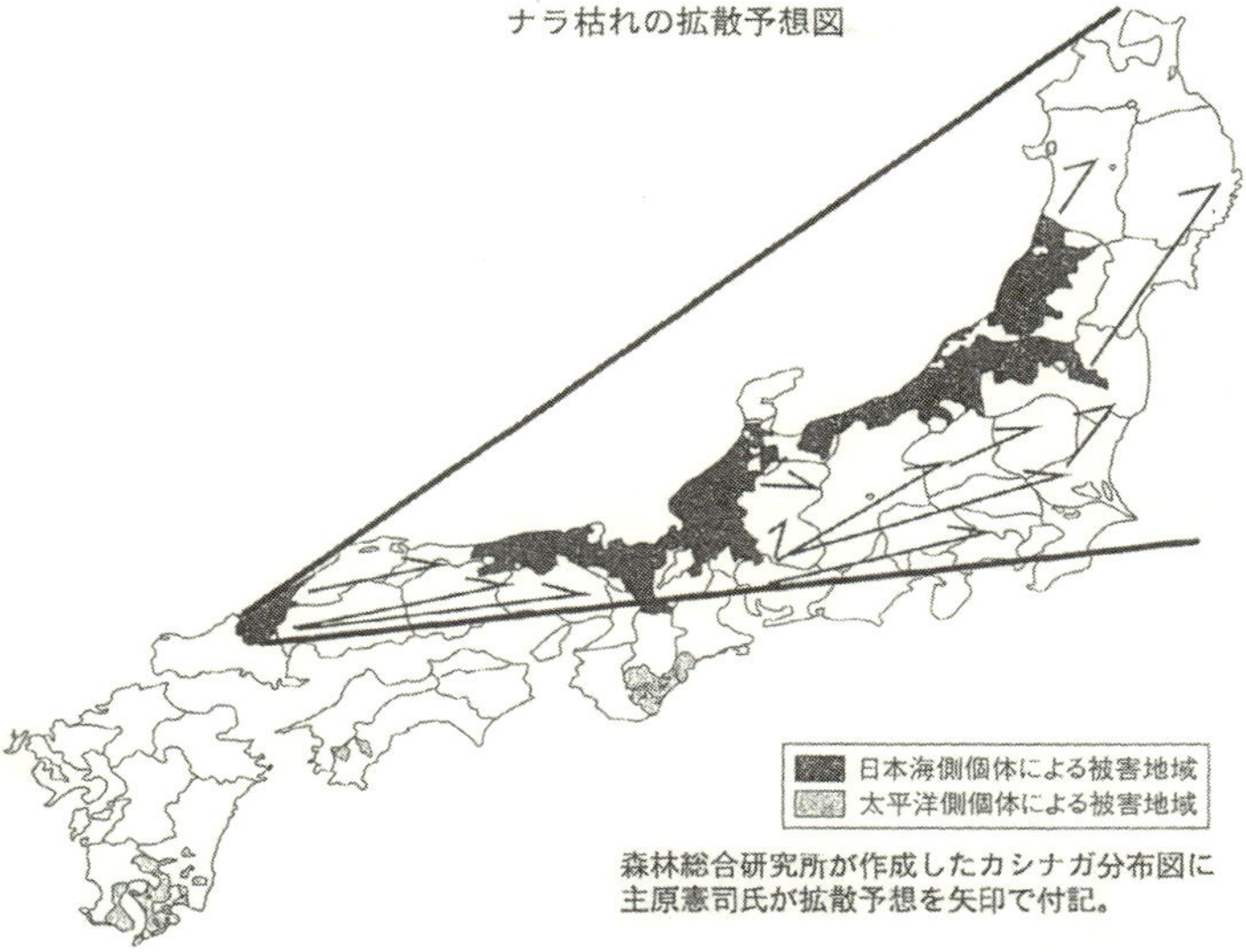

森林総合研究所が作成したカシナガ分布図に
主原憲司氏が拡散予想を矢印で付記。

『世界』2010年4月より

日（九月七日現在）で平年の二日弱を大きく上回った。平均気温も二〜三度高い二七・一度。二一〇〇年には猛暑日は六十日間、四〇度を超える日が続くという。気象予報士の森田正光さんによると、百年後には平均気温が七度上昇する可能性もあって、もしそうなると桜が開花しなくなるという予測だ。

　平安時代の歌人、在原業平は、

世の中に絶えて桜のなか
りせば
春の心はのどけからまし
（古今集）

（世の中に全く桜がなかったならば、春の人の心は

ナラ枯れの惨状。山の斜面の赤松がほとんど枯れている。（山形県村山市）

どんなにかのどかなもの
となるであろうか）

と歌ったが、「のどか」どころではない。本当に桜がなくなってしまうかもしれない。我々が、いやまた我々の次世代が近い将来見る日本は、山は枯山、桜は咲かず、紅葉もなし、といった荒涼とした山野の光景で、それは今まで誰も見たこともない日本の風景になるかも知れない。

（浅見和彦）

［初出：高尾山の自然をまもる市民の会会報　二〇一〇年十月十三日　No.二六七］

静かさと暗さ、そして貧しさ――日本文化の基調

日本文化の特徴をあげろといわれれば、〝みやび〟であろうか。平安時代の色美しい十二単《ひとえ》、庭に池や築山を配した寝殿造り、『源氏物語』や『古今集』のあでやかな生活。世界に誇っていい日本美の枠であろう。

しかし、日本の美はこれだけでは決してない。夏場に一瞬の涼を感じさせる風鈴。あたりの静寂さをひときわ際立たせるシシオドシ。来し方、行く末をふと反省させる大晦日の除夜の鐘。いずれも日本を代表する音の数々であって、日本の美の一つに数えあげてよかろう。

こうした日本の音の基盤にあるのが静かさである。風鈴もシシオドシも、除夜の鐘も、あたり一体が静かであってこそ映えるのであって、これがもし、高速道路や新幹線、空港などの騒音、轟音の中であったなら、その価値は半減してしまう。極細な音をいのちとする水琴窟《すいきんくつ》などにいたっては、全く聞こえなくなってしまうに違いない。日本の文化の基礎には常に静寂さがあった。現代ニッポンがそれと逆の方向に走り出しているのが、少し哀しい。

静かさと並んで、暗さも日本文化を支えているものとして欠かすことができないものの一つであろう。現代人が志向するのは明るさだ。それも中途半端な明るさではなく、もっと明るく、さらに明るくで、家の中も町も光で溢れている。町中や道路の照明が事故や犯罪防止の点で一定程度必要なことはいうまでもない。しかし、現代の都会は必要以上の電飾で飽和状態に近い。昼かと見まがうどころか、昼以上の明るさに満ちあふれているのが、今の都会の夜である。深夜の繁華街には高校生（なかには小中学生もいるに違いない）とおぼしき若者たちが、午前一時、二時になっても多数たむろしている。これでは犯罪防止どころか、逆に犯罪誘発の温床といってよい。どんどん明るくなっていく日本の夜というものを、ここらで立ち止まって、再考する必要がないだろうか。

高名な民俗学者だった宮本常一（一九〇七～一九八一）さんはある時こういっていた。「最近は夜がどんどん明るくなってきてしまったので、お化けが出にくくなっている」お化けや妖怪は決して歓迎すべきものではないが、夜の闇が育てた偉大な想像力の賜物なのである。夜が明るくなることで、我々は鬼や妖怪を幻想する能力を失ってしまったのである。月夜の明るさも、星空の美しさも、もう都会では望むべくもなくなった。照明という文明の利器によって、暗さの美学、闇への想像力といったものを、逆に喪失してしまったのである。

日本の茶室はある意味で日本文化の精神を凝縮しているといってよい。まず静かさ。釜の中で湯がたぎる音、茶杓の抹茶を茶碗にあてて、軽く払う音、亭主が茶筅で茶を点てる音。すべてが静寂の中で行なわれる音の芸術である。決して広くはない、むしろ狭めの、ほの暗い茶室の中で、ほぼ無言。無音の静まりの世界でとり行なわれるのが茶の道なのである。室内の装飾も極めて限定的、いや禁欲的といってよいかも知れない。古ぼけた茶掛一幅。簡朴《かんぼく》な花器には花は出来る限り目立たぬように活けられている。すべてが仰々しくなく、控え目でつつましい。千利休の言葉をかりれば「寂びたるは良し」なのである。

およそ人間は生きていく上で、富の生活を追求するのは当たり前だろう。少しでも多い収入、少しでも広い住居、少しでも明るい照明、少しでも速い移動。みんな前へ、前へと突き進んでいったのが、産業革命以降の世界の動きであった。明治以降の近代日本はいわばその模範的、優等生的な国家であった。〝富〟〝多〟〝広〟〝明〟〝速〟等々を良しとする価値観はすべてプラス方向を目指す生活意識にほかならない。そうした方向への発展が人間社会を幸福にしてきたことは間違いない。しかし、そのために逆に少ない、狭い、暗い、遅い、貧しいといった状況は極端に忌避され、切り捨てられてきた。効率優先の社会はこうしたマイナスは徹底して排除されてきたのだった。

でも、考えてほしい。本当に〝少〟はいけないのか。本当に〝暗〟はだめなのか。かつての日本人は小さな、ほの暗い方丈の庵の中で思索を深めてきていた。日本の文化はプラスの文化を享受するとともにマイナスの文化も享受してきたのだった。プラスの価値とともにマイナスの価値

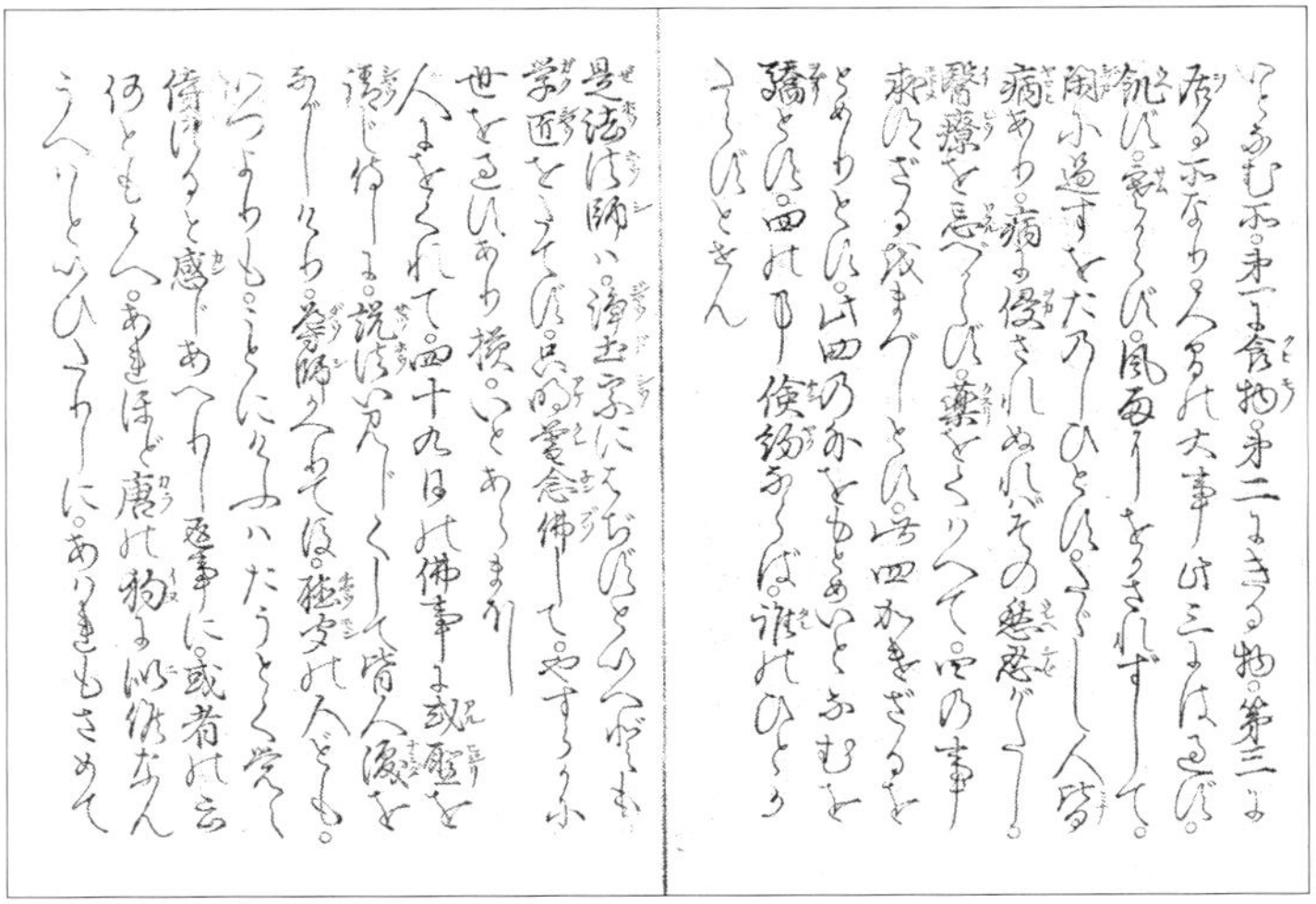

『徒然草』123段。「第一に食物、第二にきる物、第三に居る所なり」と1行目に見える

も知っていたのである。

中世の思想家、兼好はその著『徒然草』のなかでこういっている。

人間にとって必要なものは、第一に食物、第二に着物、第三に住居、そして第四に薬。この四つのものをそろえることができないのを「貧しい」という。この四つのものが、そろっているのを「富」という。この四つ以外のものをさらに求めようとするのは「驕《おご》り」というのだ。（一二三段）

と述べている。独特の貧富観で思わず考えさせられる言葉である。食、衣、住、

称名寺（横浜市金沢区）の庭園。浄土式庭園が美しい。

薬。これで十分、これがあれば幸福であってこれ以外に何かを求めようとするのは贅沢なのである。日本の中世に芽生えた貧の思想である。日本文化に貧の思想が与えた影響は大きい。貧と静と暗は通じ合う。

首都圏にこの兼好ゆかりの土地があるというと、いささか驚かれる方もいらっしゃるだろう。兼好はおおむね京都周辺で過ごしてきたと推定されるが、関東地域とも縁が深く、横浜市金沢区にある金沢文庫はその故地の一つである。金沢文庫は北条実時（二代執権義時の孫）が開設した中世の学問所。兼好もここに寄寓した。文庫に隣接するのが称名寺。阿字形の苑池《えんち》と朱塗りの反橋《そりはし》が美しい。

決して派手さはないが見事な浄土式庭園で質素倹約を旨とした鎌倉幕府の理想が伝わってくる。兼好もこの風景を見ていたに違いない。ここを訪れ、兼好の思索を追体験したいものである。

（浅見和彦）

［初出：高尾山の自然をまもる市民の会会報　二〇一〇年十一月十日　№二六八］

地震と犯土――土を「犯す」ということ

二〇一一年三月十一日、午後二時四六分。東北・関東を巨大地震が襲った。マグニチュード九・〇。その時、私は大学にいた。「新宿御苑」（一一九頁）で取り上げた十二階建ての研究棟（写真）の中である。あまりの揺れの激しさに危険を感じ、走って屋外に脱出、中庭に避難した。高さ五〇ｍの研究棟は大きく揺れ（写真）、こんにゃくのようにゆがみ、たわんで揺れている。窓のガラスはバリバリ音をたてて、まるで雷のようだ。地面は左右に大きく揺れ動き、立っていることもままならない。一緒に避難してきた女子職員たちは坐り込み、誰も彼も顔色を失っていた。こんな巨大地震に見舞われたのは生まれて初めてだった。まさに「おそれの中におそるべかりけるは、ただなゐなりけりとこそ覚え侍《はべ》りしか」（方丈記）であった。（＊なゐ＝地震）

ようやく揺れはおさまり、自室に戻ろうとしたがエレベーターは当然のことながら停止のまま、いたし方なく階段で上がる。私の部屋は五階であるので何とか自力でのぼった。室内に入ると、本は床に散乱、書類も四散していた。あとで聞いたことだが、一〇階以上の研究室は壁備付けのスチール本棚が両側から倒れていたとのことだった。

帰宅の足はもちろんない。やむをえず自室の椅子の上で寝た。しかし、時折、余震が見舞う。本棚はミシミシ不気味な音を立て、とても眠ることはできない。翌日、やっと動き始めた満員電車で何とか帰宅した。

震度は五強であったというが、あの巨大な建物が左右に大きく揺れる光景は今なお目に焼きついている。体が地震の揺れを憶えているのだろう、余震のほんの小さな揺れでもいまだに気分が悪くなる。何をとっても私にとっては初めての体験であった。

成蹊大学10号館と避難した中庭。建物は「く」の字のようにたわみ、左右に大きく揺れた。

日本では地震の記録は古くからある。最古の記録とされるのが、『日本書紀』の允恭《いんぎょう》天皇五年（四一六年）秋の記事である。津波と思われる記述もある。『今昔物語集』には能登国に押し寄せた「百丈ばかり」

の高波の話が載っているし、『古今集』には、

　君をおきてあだし心をわが持たば
　末の松山波を越えなん

という歌が載る。
「末の松山」は宮城県多賀城市の海岸にあったという松山である。歌意は、

　あなたをさし置いて、別の誰かを私が愛してしまったら、あの松山の上を波が超えて襲ってくるでしょう。私はあなたを裏切ったり絶対にしませんから、そんなことはあるはずがありません。

その絶対にあるはずのないことが、今回、不幸にも起こってしまったのである。
いにしえの人が地震の原因は地下のナマズがあばれたからと考えていたことはよく知られている。その動物はナマズではなく、龍だったり、鯨だったり、大虫だったり、様々だが、大地の底に巨大な生物がいて、それがあばれると地震が起こると考えられていた。鹿島神宮（茨城県鹿嶋

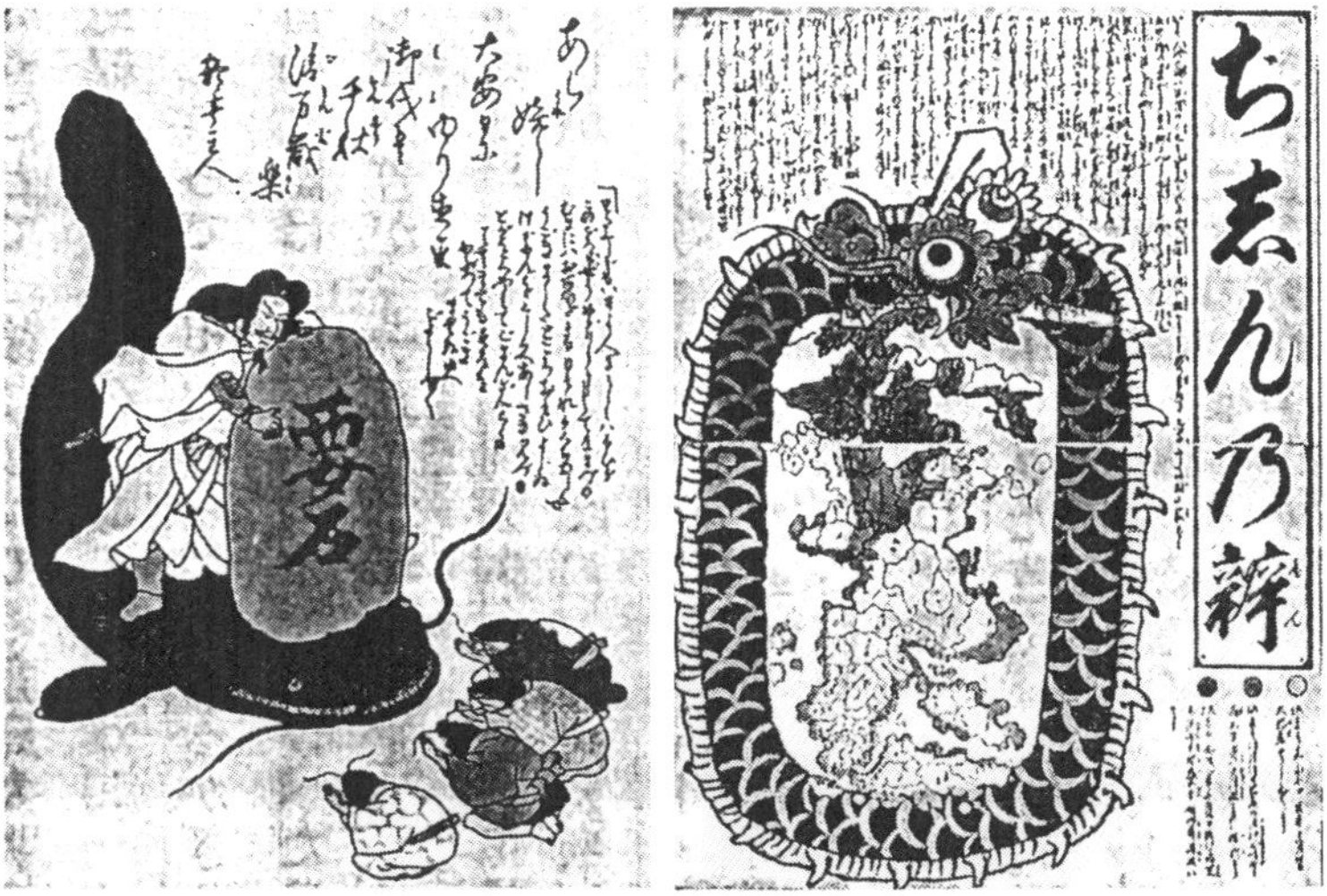

右：日本列島を取り囲む“地震龍”。中に日本列島が描かれている。
左：要石。鹿島大明神が要石で地底の鯰をおさえている。

市）に伝わる伝承によると、日本の国土を大きな魚が周囲を取り巻いており、その魚の頭と尾がちょうど鹿島神宮の下の大地で重なっている。鹿島大明神はその魚があばれ出さないように、大きな石を置き上から押さえつけている（上左図）。それが要石《かなめいし》といわれる石で、これを勝手に抜いたり、移動させたりすると、魚があばれ、大地に異変が起こるというのである。地底の巨大な魚はプレートをいうのかも知れない。頭と尾が重なっているというのはプレートの重なり目や継ぎ目とも考えられる。

要石という地名（八王子市内にもある）、や石は全国にあり、同様の伝承を多く伝えている。要石自身は一塊の石や岩であるが、これが山や川、大地の象徴的な表

高尾山（東京都八王子市）の山腹をつらぬいた高速道路（圏央道）のトンネル。まるで山が極刑に処せられたような風景だ。

現であることは疑いない。要石を人間の都合で勝手に抜いたり、動かせば、必ず自然界に災いがおこる。これが古代人の智恵であったのだ。陰陽道で「犯土《ほんど》」という思想があって、家を建てたり、路を造ったり、自然に人間が手を加える時には、地の神、山の神を祀らなくてはならないと信じられていた。木一本切っても異変は起こり、山を崩したりしようものなら、激しい雷撃に見舞われた。人が土を犯す、すなわち「犯土」には神々の許しが必要だったのだ。迷信にすぎないという人も多いとは思うが、私はそうは思わない。これは古代日本の自然保護の思想なのではなかろうか。今、人間たちの都合によって高尾山の山腹に大きな穴が開けられてしまった。これは現代の巨大な「犯土」ではないだろうか。

［追記］この度の震災で被害にあわれた方々に心よりお見舞い申し上げます。地震、津波の直撃を受けられた方々からすれば、私の体験など微々たるものと思います。一日も早い復興を祈るばかりです。当初、今号には高尾山を取り上げる予定でした。事務局にもその由をお伝えしてありましたが、あまりの悲惨な災害を目の前にし、急遽内容を変更しました。高尾山については別の機会に譲りたいと思います。

（浅見和彦）

［初出：高尾山の自然をまもる市民の会会報　二〇一一年四月十三　№二七二］

鹿島神宮内の要石（中段右）

終章

対談「景観はなぜ損なわれたか」

浅見和彦、川村晃生／司会　橋本良仁

司会（橋本良仁）：お二人には当会会報でこの一年間、〈「まほろば」への旅〉を通して、日本にかってあった美しい景観が壊されてきていることを告発していただき、読者からも反響がありました。お二人とも現職の大学教員ですが、仕事を通して普段より心を痛めておられることとか、そんなところからお話ししていただけないでしょうか。

川村晃生：風景が変わる、風景を変えるというのは、人の歴史の中でずっとあったことで、その変化の中にその時代の人たちの生き方が反映しているんです。例えば木の実が主食料だった時に栗林ができたり、塩田で塩をつくるようになったら、海水を煮つめる燃料のために林が伐採されて裸地に変えられたり……。

しかし以前は、修復が可能なレベルの変化だったのが、今は回復不可能になってしまっている。

浅見和彦：縄文時代から水路はつくられてきたけれど、近代以前は自然に対して働きかけるのは人力だった。産業革命後は重機の使用が始まり、その力はとてつもなく大きくなり、修復不可能な自然の改変が始まった。

川村：身の丈にあったライフスタイルでなく、必要以上の利便性を手に入れようとし始めたことが原因のひとつですよね。大都市ができれば、水が足りなくなってダムが必要になるとか。環境容量をさまざまなところで超えたひとつとして「風景」もあるのです。個々人の問題としては、人の身の丈にあったライフスタイルというものを考え直す時に来ていると思います。江戸時代までは持続可能でした。江戸は一〇〇万人というロンドン、パリに匹敵する大都市になりましたが。鎖国は悪いことのようにばかり言われますが、鎖国ができたのは、循環型社会ができていたからなのです。江戸末期に西洋からきた外国人が書いた日記や紀行をもとに書かれた渡辺京二さんの『逝きし世の面影』という本がありますが、その中で、江戸郊外の茶屋で人々がゆっくり風景を楽しむ風俗を描写しています。人々が楽しく暮らしている情景を大変評価して書いています。

シュンラン

浅見：「水に流す」という言葉がありますが、昔は川にいろいろ流してもその浄化能力できれいになった。今はその浄化能力を超えてしまった。

川村：昔は川で米を研いだが、三尺流れると水はきれいになった。

浅見：霞ヶ浦では、夕食時、鍋を持っていって砂をさらい、水で砂を流すとシジミが採れた。砂を流した後、水を汲み足して、それでおかずのみそ汁を作ったと。それはついこの間のことで、そういう暮らしを知っている人がまだいるんですから。

川村：コンクリートができたことで、土と水のつながりが断ち切られ、本来自然の持っていた循環・浄化の力が殺されたと思う。

浅見：日本ほど豊かな水のある国はなかったのに、それに気づいていない。技術の発展はあったが、そうして手に入れた道具をどう使っていくのか、人間の精神面での成長が追いつかないうちに、欲望に押し流されることになっていった。

川村：悪循環です。人工化した環境になるほど生命に対する感覚が鈍化する。自然や環境だけでなく、人間が壊れていっていると思います。壊れた人間には壊れた環境を直せません。

浅見：アスファルトでどれだけの微生物が殺されているか。自然界にあるものによってしか人間は生きられない、自然によって人間は生かされているのにそれに気づかなくなっています。

川村：お金で「食べられる」ということが一番問題ですね。「食べる」ということが「自然」でなく、「金」とつながっているということが。「金」が自然と人間の間を引き裂いた。

司会：今、原発事故で放射能が大問題になっている。「食べる」ことに関しても避けて通れない中で、浄化能力を超えた自然破壊についてどうしたらこれを止められるかという問題が切羽詰まったかたちで突きつけられています。今まで話されてきたことを解決する方向性ということではどうでしょう。

川村：こんな社会で生きていくのはいやだ、という人が増え始めていると思いますね。私の住んでいる山梨では農業体験をする活動が盛んですが、こういうイベントに参加する若い人が少しずつ増えてきています。また、先日福島から避難して来た方を呼んで報告会をやりましたが、「窓が開けられる、水道の水が安心して飲める、土の上に寝転べる、ということがなんて幸せなことかに気づいた」と話していました。今度の震災で、そういう新しい幸せのかたちをみんなで再発見し、共有していけたらいい。

浅見：二〇代の学生を連れて、大井川鉄道のＳＬに乗りにいった時、汽笛がボーッと鳴ったのを聞いて感動していた。「蛙の声が聞こえるところにいきたいなあ」という学生もいる。そういう声を聞いてまだ呼び覚ませる感性があると思いましたね。僕の授業の中で、学内を回って武蔵野の自然のさまざまなすがたを見つける散歩を年に一度やっているのですが、これはなかなか評判がいいです。「絶対あれはやって欲しい」と言われます。

川村：地方出身者の方には、自然に対する感性のいい学生が多いと思います。

浅見：地方出身は僕のところは少ないけれど、地方出身で地元食材を食べてきている学生の方が感性がみずみずしいという事は確かにいえますね。もちろん東京出身者にもいい子は沢山いますが……。

川村：今の学生は本心では大企業にはいって出世するということに、さほど夢は持っていない。それでいい生活ができるとはもう思っていないですよね。でも、生きていて感じる幸せは意外に小さなもので十分に足りるはずなのに、外からの情報でコントロールされてしまって。究極に追いつめられないと気づかない……。

浅見：自然は最高の教師ですよ。自然とふれあってきた歴史を生かしていくべきだと思います。その時、小中高で何を学びつかんできたかも大事ですねえ。

司会：日本における教育の制度や内容の問題も……。

川村：民主主義の問題もあります。日本人が主権者として実権を持つことができたかもしれないチャンスは何回かありました。中江兆民たちの自由民権運動が起こったとき、大正デモクラシー、そして敗戦の時などがそうだったと思います。しかしその大きなきっかけを生かすことができなかった。権力に押しつぶされてしまった。敗戦で戦後の民主主義が生まれそうになったときに、「金」が出てきた。「金」さえあれば何でも夢が叶うと目くらましされて踊ってしまい、民主主義を育てられませんでした。西欧の民主主義には血を流してかち取ってきた歴史がありますが、日本にはありません。

浅見：金とモノで目くらましされて鈍感になってきた日本人が、今度の大震災と原発事故でほんとうにこれでいいのか、と突きつけられた。自然が提起した問題をどう受け止めて、社会のあり方を変えていくか、この機会を逃しては、もう大変なことになると思います。

川村：民主主義はめんどくさいものですが、そのめんどくささを超えて育てていかなければならないものです。あなた任せではだめです。僕は今それの中心になれるのは、市民運動ではないかと思いますね。

司会：ラジオを聞いていたら、澤地久枝さんが「中国での戦争の敗色が濃くなった時に、一番先に逃げ出したのは軍の幹部だった。国はけっして国民を守らなかった。その体験を通じて『国は国民を守らない』ということが身に沁みた」と言っていましたが、公害問題、公共事業による自然破壊の問題に関わって、ほんとうにそれは今でも同じ体質だと思います。原発の問題にも関わらずにおられなくなりましたが、こういう国の体質を今ここで転換しないと、そう転換のチャンスは訪れないかもしれませんからね。

川村：福島で起きていることはすべての想定を超えてしまいましたが、今起きていることを正確に共有できるかどうかということが鍵のひとつではないかと思います。大手メディアがきちんと報道するかどうかが大切ですが、それはかなり怪しい。

浅見：新聞やテレビのメディアの力が落ちていますね。記者自身が自分で分析して書く力がない。記者会見で当局が配るメモを頼りにして記事を書いている。現場に行き、自分で調べることが弱い。足でかせぐ現場主義が衰えている。

川村：原発の記者会見にフリーランスの記者が参加し、批判的な意見や質問をするようになりましたが、大手新聞の記者がくだらないことを質問するな、なんて言うそうですね。自分でしっかり調査して報道している記事がほとんどなくて、発表されることを鵜呑みに垂れ流すだけではね。ただ、今はインターネットのユーチューブとかツイッターみたいな手段があり、若い人はむしろそういうもので情報を取っているということもあります。我々はふたりともパソコンを持っていなくて使えませんが、これからは、ＩＴのツールを使いこなすことも大切になるんでしょうね。

日本人の感性を時代の中で写し取ってきた日本文学を専門にされているお二人。豊かな自然と共にあり、身の丈に合った穏やかな暮らしの中で育まれた繊細な美意識を深く知り愛されるゆえに、それを破壊し、回復不可能な状況に追い込んでいるものに対する怒りも又大きいと思いまし

た。

誰もが、ふるさとの自然に寄せる思いの深さは格別なものがあります。二年間にわたる連載が、大変好評だったのは、それぞれ取り上げられる地に、自分のふるさとの変わりゆくすがたを重ね、思いを重ねて読んだからでしょう。

環境破壊は、そして風景の破壊は人間の心の破壊につながっているという指摘は鋭く厳しいものです。私たちは、一度だけの人生を人間らしく心豊かに生きたいからこそ、その中で生かされてきた豊かな自然を大切にしたいと願っています。

対談の中では、それを次の世代に引き継ぐためにということで、今を生きる学生の状況なども話していただきました。課題は大きいですが、これからも高尾山だけでなく視界を広げ、歴史や文化の遺産からもたくさんのことを学びながら新しい時代を展望し、つくっていきたいと思います。ありがとうございました。

（奥田さが子）

［初出：高尾山の自然をまもる市民の会会報　二〇一二年四月十一日　№二八五］

神を畏れぬ人々

浅見和彦

阿古屋の松

山形県山形市、市街の南東に千歳山という山がある。標高四七一・一メートル、決して高い山というわけではない。しかし全山赤松でおおわれた、円錐形の美しい山容は市民から長く愛されてきている。古くから神名備《かんなび》山と神聖視されてきた山である。地元では遠足で行くことも多いらしく、登ったことがあるという人は数多い。

千歳山は別名阿古屋《あこや》ともよばれてきていた。

陸奥の阿古屋の松に木隠《こがく》れて出でたる月の出でやらぬかな
（陸奥の阿古屋の松に隠されて、出て来た月もなかなか眺めることができないよ）

など、平安時代から和歌にも詠まれており、けっこう話題になることも多かったと思われる。

この山には古い伝説がある。

千歳山（山形県山形市）。山形市街のはずれにある。その美しい姿は人びとから長く愛されてきた。

昔、阿古屋姫という娘がいた。彼女には毎晩通ってくる男がおり、いつしか深い契りで結ばれた。ある晩のこと、男は「自分は千歳山の松で、逢えるのは今宵が最後である。なぜなら近くを流れる名取川の橋の修理のために、私は伐られることになってしまったからだ」といって、消えていった。予告通り千歳山の松は伐り倒された。しかし伐り倒された松は地面に横たわったまま、全く動かない。大勢の力で引っ張ってもビクともしない。それを聞いた阿古屋姫は横たわっている松の所にやって来て、言葉をかけた。すると、松はスルスルと動いたという。橋の修理もめでたく終る。やがて、姫が死ぬ。その遺言に従って、彼女の遺骸は千歳山の松の根元に葬られ、松の木がしるしとして植えられた。人々はそれを「阿古屋の松」と称して、大切に守り育てたという。

樹木が男の姿となって女のもとを訪れる話は数多く、桜だったり、柳だったり、銀杏の木だったりもする。昔話の型ではこれを木霊婚姻譚と分類する。深山幽谷で人間の声が反響することをこだまというが、こだまは本来、「木魂《こだま》」であって、木の精霊を意味する。「オーイ」と呼べば「オーイ」と応える声は山々の樹霊が返事をしてくれているのだと古代の人々は考えていたのである。

どのような事情があるにせよ、樹木を伐採することは樹神や樹霊を残害することに他ならない。開発や道路拡張やトンネル工事などで樹木はつぎつぎと伐採され、切り倒されている。かつて民俗学者の南方熊楠は神社統合という明治政府の方針のもと、日本人が大切にしてきた鎮守の森が伐られ、つぶされていくことに激しく抗議した。一本の木、一本の枝にも精霊は宿っている。伐り裂かれようとする樹木に「木魂《こだま》」たちの悲痛の声を聞かなくてはならない。千歳山の松の哀しみの声を阿古屋姫はしっかりと聞きとっていたのである。

篝火で見る満開の桜

京都の嵯峨野、広沢池《ひろさわのいけ》の近傍に植藤造園という造園業を営んでいらっしゃるお宅がある。御当主の御名前は佐野藤右衛門さん。江戸時代から代々続いてきた植木職人のお宅で、今の藤右衛門さんは数えて十六代目ということだ。藤右衛門さんは桜守《さくらもり》として有名で、京都の円山公園やドイツ・ロストックなど多数の桜を手がけられ、育てて来られた方である。

桜の花どきにお邪魔すると、お宅の庭は満開の花でうめつくされ、名木、古木といわれる桜の木がいったい何本植えられているのだろうか。一本一本の木はそれぞれに美しさを保ち、かとい

植藤造園で焚かれている篝火。火の光に照らし出された桜の花はあでやかそのもの。神の降臨を感じさせる。

植藤造園（京都市右京区）の桜。花どきになると庭いっぱい、桜の花で埋めつくされる。

って、その美しさを誇るというわけでもない。その美しさは隣々の木々とほどよく調和・相乗し、園地全体で桜の見事さを作りあげている。おそらく造園主、藤右衛門さんの人柄や心が桜に映っている、そんな気がする桜の園である。

佐野家では無理なライトアップはしない。今や日本中どこでも桜が咲くとなれば、強光線で照らし出し、紅葉の見頃ともなれば、お構いなく下から光線を浴びせかける。暗い幽玄の世界で物を味わうという心を日本人は忘れてしまったのだろうか。あの無理矢理にも近いライトアップは桜や紅葉から隠れた美しさというものを完全に追放してしまっている。

植藤造園はそんな人工的で過剰な照明をしていない。そのかわりに樹間に篝火が焚かれ、その篝火の火で桜を柔らかくほんのりと照らし出しているのである。炎は時に燃え上がり、時にゆらめく。時折、薪がパチッとはじける。火の粉がサッと散る。あたりはうっすらと煙におおわれ、燃える木の香がただよう。

燃え出づるあちらこちらの花篝《はなかがり》　日野草城

夜桜に灯される篝火は花篝という。花雪洞《はなぼんぼり》ということもある。雅やかな篝火に見とれて、ふと桜を見れば、桜はいっそうあでやかさを増して静かに咲いている。その風姿は神々しいばかりだ。篝火に目を奪われていたせいもあるかもしれないが、目の前の桜はただの桜の木ではない。どうみても桜の木に神が宿っているとしか思えない。神がいます桜の木。神が降臨されている。おごそかで、気品あふれる桜の木は神の化身のように見えてくるのである。

古来、日本人は神仏に火を供えてきた。本尊を真中にして、左右に御燈明《おとうみょう》を飾る。神の化現《けげん》する能にしても、神楽にしても、時には篝火、薪の火でもってお祀《まつ》りするのである。

花篝も同じだ。桜の木をあたかも神仏であるかのように見立てて、両脇に火を燈すことは、神仏を崇める作法とかわるところがない。今、桜をあたかも神仏であるかのように見立ててといったが、その物謂いは正しくないかも知れない。むしろ、神仏そのものといえる。その桜の木を火でもって荘厳することは当然であろう。

満開の桜の木にはあかあかと燃え上がる火が似つかわしい。強光線のライトアップはどうみてもいただけない。

火を焚くということ

佐野藤右衛門さんの言葉によれば、篝火は虫除けのためであるともいわれる。近年は害虫といえば、すぐ薬剤散布、殺虫剤噴霧という手段でもって駆除してしまうのが当り前になってきているが、そのやり方では土を痛めるし、花も美しく咲かない。実も成らないし、作物の出来も悪い。篝火を焚き上げることで燻《いぶ》して、虫を近づけさせない。虫を遠ざけるのであるという。この方法が一番環境にやさしいというのである。

春の始め、農耕が始まるころ、かつては日本各地で野焼、山焼が行なわれていた。焼畑農業がその好例であろう。

武蔵野は今日はな焼きそ若草のつまもこもれり我もこもれり（古今集）

武蔵野を今日は焼かないでほしい。若草のようなあの娘《こ》もいるし、私も中に隠れているのだか

渡良瀬遊水池（栃木県藤岡町）のヨシ焼。広大な草原が一気に燃え上がる。

ら……。若い男女の恋の歌。おそらく草深い野原に隠れて、密会していたのだろう。「焼かないで、お願い」という若人の言葉は果たして届いたのだろうか。

こんなふうに古くから伝えられてきた野焼は今、消滅の危機に瀕している。防火上の問題、煙害の問題など、市街地はもとより、その近郊ではできなくなってきている。渡良瀬遊水池の有名なヨシ焼きが二〇一一年、二〇一二年と二年間、放射性物質の飛散のおそれから中止になったことは耳新しい。

都会地では冬の風物詩だった〝たき火〟は禁止され、もうできない。

垣根の　垣根の　まがりかど
たき火だ　たき火だ　落ちばたき
あたろうか　あたろうよ

北風　ぴいぷう　吹いている　(「たき火」巽聖歌《たつみせいか》)

もう、この歌の風景はなくなってしまった。

火を焚くということの意味を現代人は忘れてきてしまったのではないだろうか。道端のたき火を見れば、登校中の児童は喜んで寄ってきたし、時には焼き芋をほうばれることもあった。そんな些細で小さな出来事が今は危険、無意味とあたかも虫けらのように駆除され、排除されてきている。寒い朝、学校に向かう子供たちが偶然たき火にあたることができたなら、学校での陰惨な苛《いじ》めも少しは防げるのではなかろうか。

もう一度、野焼の問題に立ち戻るが、野焼は害虫の防除だけではない。雑草の駆除はもとより地温を高め、土壌を豊かにする。燃やされた雑草類の灰はそのまま格好の肥料となるのである。佐野藤右衛門さんは「物が循環することを断ちきってはいけない。だが現代社会はその循環があやしくなってきている。循環できないものの最たるものは原発ですよ」ともおっしゃっていた。自然界は循環でできている。端的な例をあげれば、水がそうである。雨が降り、川となり、海に流れる。太陽の力で蒸発し、それがまた雨となる。きわめて分かりやすい自然の循環である。それが循環できない水ができてしまった。原発事故による汚染水。さまざまな工夫や試みがなされているものの、もうあのままでは自然界に戻せなくなってしまったのである。

自然の景物や景観をここまで壊していいのだろうか。流せなくなった水。燃やせなくなった火。

近年の人間の振舞はあまりにも無道なのではないだろうか。

神は実在するのか

山形県の阿古屋姫伝説の松の木、植藤造園で見た桜の木、そこには神がいます、おわしますといってよいだろう。

女優の樹木希林さんの「神宮希林　わたしの神様」という映画の公開に先立って、『東京新聞』夕刊（二〇一四・四・二二）にインタビュー記事が載った。「果たして神様は実在するのか」という記者の質問に対して彼女はこう答える。

　お経に「砂を集めて棒を差し、両手を合わせれば神が宿る」というくだりがある。伊勢神宮はこれだけ大勢の人々の魂が集まるのだから、何も宿らないと考える方がおかしい。

そして、樹木希林さんはこう続ける。

　私たちが三次元の世界にいるから知ることができないだけで、四次元あるいは五次元、六次元のものがあると思う。目に見えるものだけが人生の全てだとしたら、あまりに寂しい。

希林さんの言葉はきわめて示唆的だ。「神は実在するか」等々の神学論争をここでやろうというわけでは無論ない。言いたいのは認識の問題だ。我々の認識は三次元の世界に限定されている。三次元以上の四次元、五次元といった多次元の世界は十分想定しうる。たまたま我々が三次元という世界で生きているからこそ、三次元以上の多次元、n次元の世界を認識することはきわめて難しい。今問題にしている神々は明らかに三次元の世界の存在ではなく、多次元にあるのだと思う。だから見えない。見えないからといって、神の存在を頭から否定してしまうのはいささか性急なのではないだろうか。三次元という狭い世界に閉じこもってはいけない。三次元がすべてだと思うのはやはり正しくないのではなかろうか。

決して私は神懸《かみがか》って物を謂《い》っているのではない。かつては神を取り上げたり、信奉するなどということは、保守的、反動的、右翼的とさえ思われてきた。そういう神道観は明治政府によって推し進められた神道国教化政策で形造られたものに他ならない。一八六九年、「惟神《ただ》の道を宣揚すべきなり」として、太政官の上に神祇官《じんぎかん》を設け、翌七〇年には大教宣布が行なわれ、伊勢神宮を本宗とし、天皇を最高祭祀者に定めた。これが軍国主義、国家主義と結びつき、第二次世界大戦へと突入していったことは周知のことがらであろう。近代日本ががむしゃらに推し進めようとした国家神道は明らかな誤りであって、神道という宗教の政治的利用であり、歪曲であったといっても過言ではない。

本当の神道とはもっと広大で、深遠で、心豊かなものである。本当の神道は殺戮や強制をことしない、きわめて平和的なものなのである。もしも神を崇める、神に祈るという行為を保守的、反動的などといって指弾する人がいるとしたら、その人こそ古い国家神道にいまだ呪縛され、神道たるものが何なのかということに全く気がついていないということができるであろう。

古人は古くから山や川、海、森や湖に神の気配を感じとってきていた。山そのもの、樹そのものを御神体として崇めてきた例は数多い。自然の神々と人間は同居し、神々から無限の慈しみをいただいてきた。それが太古以来の日本人の生活であった。その神々が住まう自然を現代人は容赦なく破壊しているのである。

平安時代の景観問題

最近ちょっと考えていることがある。いったい古代人は「風景」とか「自然」、「景観」とか「環境」といったことをどういう言葉で表現、概念化していたのだろうか。「風景」という言葉は意外に古く、すでに奈良時代から使用例がある。「自然」という言葉も実は古く、「シゼン」「ジネン」と二通りの訓《よ》みもあり、それぞれ平安時代にはよく使われていた。意味するところも現代と大きく変らない。それに対して、「景観」とか「環境」という言葉は耳新しく、明治ないしは近代になってからの用語である。「景観問題」とか「環境問題」というのはやはり近代社会の造語なのである。

では景観問題とか環境問題といった社会問題は古代には全くなかったのであろうか。それは必ずしもそうとはいいきれない。

藤原道長が法成寺《ほうじょうじ》という宏壮《こうそう》な寺を京中に建設したところ、ある人が御所の陽明門の門額が落下するという夢を見た。夢の中でその理由を門額に問うと、「法成寺に大きな南大門が建てられたために、美しい東山の山並みが見られなくなったからだ」と答えたという。平安時代の景観問題といってよい。

平安時代の学者、三善清行《みよしきよゆき》（八四七〜九一八）は、推古天皇以来、仏法興隆という名のもとに多くの田園が潰《つぶ》され、国家予算の半分が費やされていることを厳しく糾弾している。ハコモノ行政の弊はすでに平安時代からあった。それゆえ都市問題も深刻だった。

外つ国は山水清し事多き君が都に住まぬまされり　（玄賓《げんぴん》）

「外《と》つ国《くに》」は都から離れた地方、田舎、田園といいかえてもよい。「君」すなわち天皇のいる都はせわしくてやりきれない。「外つ国」は自然がいっぱいで、山も水も美しい。

もう一首。

わび人は外つ国ぞよき咲きて散る花の都はいそぎのみして　（能因）

この世に受け入れられない「わび人」は田舎暮らしするのがよい。桜が咲いたり、散ったり、花の都は生活に追われて忙しいばかりだ。

作者の玄賓も能因も平安時代の僧。二人の共通する認識は京都生活の住みづらさ。官人または官僧として生きていくことのつらさである。平安時代も都市生活の困難さと矛盾は深刻だった。だからこそ都を後にし、「山水」のきれいな「外つ国」に彼らは憧れていたのである。

しかし、彼らの時代はまだ仕合せであった。「外つ国」に行けば、清らかな「山水」に出会うことができた。だが現代はそうはいかない。国土のいたる所で山は削られ、海は埋立てられる。道路を造る、トンネルを掘る。ダムを造る、空港を造る。リゾートマンションを建てる、ゴルフ場を造る。様々な名目や理由をもって国土は破壊され、自然は残害される。

かつての日本人は山や樹木、海や川に神を見ていた。それらは神々の領域であった。それゆえ自然に対して人間が造作を加える時は、自然の神々に心から畏敬の念を持ち、誠心に祈りを捧げた。人間たちは神々が受容してくれる範囲で、自然に手を入れることを常としていた。自然を生かし、また、自然に生かされているという発想を忘れることはなかった。自然と人間たちはほどよく折合をつけてやってきたのだった。しかし、近代人は違う。神を畏れるという気持は全く消え失せ、自然はとどまるところなく破壊される。神を畏れぬ人々の仕業である。〝神殺し〟の行為といってよい。

寺田寅彦の自然観

寺田寅彦は「日本人の自然観」という随筆の中で、自然についてこう述べる。

> 吾等の郷土日本に於ては脚下の大地は一方に於ては深き慈愛をもって吾々を保育する「母なる大地」であると同時に、又屢々刑罰の鞭を揮って吾々の兎角遊惰に流れ易い心を引き緊《し》める「厳父」としての役割を勤めるのである。厳父の厳と慈母の慈との配合宜しきを得た国柄にのみ人間の最高文化が発達する見込があるであらう。

と日本の自然の二つの重要な側面、「慈母」と「厳父」という両面の存在を指摘する。自然は多様性と活動性を持っている。その

> 複雑な環境の変化に適応せんとする不断の意識的乃至無意識的努力はその環境に対する感覚を助長する結果にもなるはずである。自然の神秘とその威力を知ることが深ければ深いほど人間は自然に対して従順になり、自然に逆らふ代りに自然を師として学び、自然自身の太古以来の経験を我が物として自然の環境に適応するやうに務めるであらう。

寺田はいう。「西洋における科学の発達」は「人間の力で自然を克服せんとする努力」によって促されてきた。しかし、日本はその西洋科学を輸入するにあたって、「日本の自然の特異性」を無視して、その導入にあまりにも性急であった。例えば、昔の日本人が集落を造り、町を造る時、あるいは様々な架構《かこう》を施す時にも、日本人は「先づ地を相《そう》する」ことを知っていた。ところが、

西欧科学を輸入した現代日本人は西洋と日本とで自然環境に著しい相違のあることを無視し、従って伝来の相地の学を蔑視して建てる可《べか》らざる所に人工を建設した。さうして克服し得たつもりの自然の厳父の揮った鞭の一《ひ》と打《うち》で、その建設物が実に意気地もなく潰滅する、それを眼前に見ながら自己の錯誤を悟らないでゐる。

寺田のこの文章は「昭和九年十年の風水害」を念頭に置いて書かれたものであるが、何と近年の災害と似ていることか。しかもそれらは「想定外」のこととして、その原因や責任を明らかにしないまま、今、忘却しようとしている。いささかも自然と歴史に学ぼうとしていないのである。

八岐の大蛇伝説と原発

寺田寅彦は「神話と地球物理学」という随筆の中で『古事記』に載る八岐《やまた》の大蛇《おろち》伝説について

触れている。

八岐の大蛇伝説については繰り返すまでもないと思うが、出雲国（今の島根県）斐伊川《ひいがわ》流域の島上というところをスサノオノミコトが通りかかると老夫婦が娘を中に置いて泣いている。スサノオが理由を聞くと、「自分たちには八人の娘がいたが、毎年、八岐の大蛇がやって来て、一人ずつ食べていく。今、その日時が迫ってきているからだ」と答える。大蛇の姿は八つの頭、八つの尾。目は赤いほおづきの如く、体には杉、檜が生え、大きさは八つの谷、八つの尾根を超え、腰はいつも赤い血でただれているという。スサノオはその娘を我が妻として乞い受け、八つの酒船を設け並々と酒を盛り、大蛇を待ち受ける。大蛇は酒を飲み干し、酔って寝てしまう。そのすきにスサノオは大蛇を切り殺す。大蛇の尾から名剣、草薙の剣が出てきて、それを手に入れるという話である。

八岐の大蛇が何を反映しているのかは古くから諸説が出されている。そのうちの一つは斐伊川の洪水説である。八頭八尾に岐《わか》れるという大蛇の形状は斐伊川の景観と似ているといわれるし、蛇体に生える檜、杉は山崩れ、地すべりの模様と見なすこともできる。

斐伊川上流地域は古来鉄の主要な産地として有名で、それゆえ大蛇の尾から草薙ぎの剣を手に入れたというのも、そうした事情の反映と見ることは可能である。鉄の生産には原材料として鉄鉱石はもとより、燃料として大量の木材と水を必要とする。産鉄のため斐伊川流域の樹木が過度に伐採され、山の保水力が落ち、洪水が引き起こされたということは十分に考えられる。寺田寅彦のいう大自然の「厳父」の側面である。

しかし寺田寅彦は八岐の大蛇伝説を「火山から噴出す溶岩流の光景」ではないかと推測する。大蛇が毎年、娘を食うというのは噴火の間歇性、大蛇の眼がほおずきの如く赤いというのは「溶岩流の末端の裂罅《れっか》から内部の灼熱部が隠見する状況」をさしているのではという。八岐の大蛇は溶岩流が山の谷や沢を求めて合流、分流する様を暗示する。八つ酒船というのも沢の下端によくある貯水池を連想させ、それをめがけて溶岩流が流れ込む姿をあらわしているのではないかというのである。

寺田は日本の山水美は火山に負うところが多いともいう。美しい山容の姿の「慈母」の役割とともに噴火、噴出という「厳父」としての役割とが常に繰り返されている。動かぬ大地を前提とする国民と、時として大いに震え動く大地の上にいる国民との間に自然観において大きな懸隔があるのは当り前である。その差異に気づいて、あるいは気づいても知らぬふりをしているのか、西欧科学の成果を、「何の骨折りもなくそっくり継承した日本人」に対して、寺田は警鐘を鳴らし続けていたのである。

二〇一四年九月現在、九州電力の川内《せんだい》原発(鹿児島県薩摩川内市)は再稼働第一号となる可能性が高い。川内原発の所在する九州中南部は阿蘇、加久藤《かくとう》(霧島)、小林、桜島、阿多、鬼界と、今なお活発な火山が連なる。川内原発は桜島からわずか四〇キロメートルしか離れていない。九電は一万二千八百年前におこった桜島薩摩噴火と同規模の噴火がおこっても、火砕流は川内原発までは来ず、十五センチの火山灰の降灰が予想されるが、原発の運転には影響ないとする。だが二万六千~九千年前の噴火では、火砕流は熊本県南部まで達していることがわかっている。

九電側はこうもいう。巨大噴火の予兆観測を強化し、危険があればただちに運転を中止して、核燃料を外部に搬出するという。しかし、予知はどこまで可能なのか。運転を停止し、核燃料を搬出するといっても、少なくとも二年以上かかるといわれている。もしも巨大噴火がおこれば、六百度以上の火砕流が時速百キロ以上の速さで半径六百キロにわたって流れ出ると予測されている。もしもそうした火砕流が原発を襲えば、誰も近づけないし、手の打ちようもないといわれているのである。

これは空想の話ではない。いつか、どこかの原発で起こりうる話なのである。

「慈母」としての自然、「厳父」としての自然。かつて日本人はそうした自然を神として崇め、畏れ慎しんだ。神々を畏敬しないばかりか、神々を弑逆《しいぎゃく》さえしようとする。そうした人々の出現は怖ろしい。

もう一度、日本人の基本に立ち返り、自然を愛し、神を感ずる必要があるのではないだろうか。風景は「神」、自然は「神」そのものであるのだから。

［書き下ろし］

東京新聞　2014年（平成26年）7月25日（金曜日）　©中日

巨大噴火リスク　川内原発

核燃料緊急移送　手つかず

火山の巨大噴火リスクを抱える九州電力川内《せんだい》原発（鹿児島県）で、九電は予兆を察知した場合には核燃料を安全な場所に緊急移送すると明言しながら、実際には原子炉を止めて運び出すまでに二年以上かかる上、搬出方法や受け入れ先の確保なども具体的に検討していないことが分かった。

（小倉貞俊）

＝関連❷面

原子力規制委員会は緊急移送を条件に、川内原発が新規制基準を満たしていると判断した。

九電の担当者は取材に「巨大噴火の予兆は噴火する数十年前に察知できるとの前提なので、その時に検討する」とコメント。

規制委の審査担当者は「現状は方針を宣言した段階で、今後の審査で具体策を示してもらう。ただ、どこまで具体的に踏み込めるかは難しいだろう」としている。

川内原発をめぐる自然災害で最も脅威となるのが、周辺に五つあるカルデラの巨大噴火だ。原発から四十㌔の姶良《あいら》カルデラで三万年前に起きた噴火と同じ想定では、火砕流が原発敷地内に到達する可能性がある。

規制委　具体策ないまま「適合」

規制委の新基準による審査で、九電は「原発の運転中に巨大噴火が起きる可能性は小さい」と主張。衛星利用測位システム（GPS）の観測などで噴火の予兆を監視し、カルデラ周辺の地盤の動きなどで異常が確認されれば、原発を止めて核燃料を緊急移送する方針を示し、規制委は基準を満たすと判断した。

運転中の原子炉内の核燃料は強い放射線と高熱を発し続けており、原発を止めてもすぐには動かせない。数日間は炉内で循環冷却した後、隣接するプールで長期間冷却する必要がある。

九電や核燃料の輸送会社への取材では、外部に運び出すにはプール内で少なくとも二年二カ月冷やした後、専用の輸送容器を使うことが不可欠。九電は輸送容器を所有しておらず、輸送会社が持つ全ての容器を使っても一度に移送できるのは三百五十体。原発内には二千体近い核燃料があり、六回は往復しないと運び出せない。新たに容器を製造するにも約三年かかる。

核燃料を運び込む先も確保できていない。九電玄海原発（佐賀県）のプールは満杯に近い。青森県六ケ所村の再処理工場のプールも満杯。他の電力会社の原発のプールを使う道もあるが、協議をしていない。

空冷式の貯蔵容器で保管する方法は、保管場所を確保していない上、空冷式には、あらかじめ五～八年冷やした後の核燃料しか入れられない。

川内原発の審査結果案に関し、規制委は8月15日まで意見募集（パブリックコメント）をしている。詳しくは規制委のホームページ（http://www.nsr.go.jp/）右側にある「パブリックコメント一覧」で。

2014年7月25日『東京新聞』

景観の力とは何か

川村晃生

リニア中央新幹線のアセス準備書をめぐって

二〇一三年九月、ＪＲ東海がリニア中央新幹線の環境影響評価（アセスメント）準備書を公表した。東京～名古屋間二八六kmのうち、八六%はトンネル区間になるので、全体の景観への影響は少ないが、明かり区間の主要部となる山梨県のとくに西部（甲府市～早川町）は、南アルプスや八ヶ岳・富士山などを眺望する優良な景観が保持されている一帯で、景観破壊がとくに懸念される地域である。明かり区間は、高さ二〇～三〇ｍの高架方式で、全線のかなりの部分を直径一三ｍのシールドが覆うので、あたかも巨大な土管が空中に設置されるような感を受ける。二〇一四年一月に行なわれた山梨県主催のアセス準備書に関する公聴会でも、一〇名の公述人のうち半数が景観問題に触れ、その悪化に懸念を示した。曰く、「景観の評価が恣意的である」、「景観が壊され、コンクリートの塊が毎日見えるストレスが考えられる」、「桃源郷に比される山梨の春の景観も失われる」、「景観について是とする評価ばかりで呆れてしまう」等々。

図１（上）　甲府市南部の曽根丘陵公園から西北方向を眺めたもの。
図２（下）　右半分の山寄り部分にリニアの高架施設が予測されている。

右のうち最初の「景観の評価が恣意的である」は、私の公述であるが、ではどのように恣意的なのか実例にあたってみよう。図１は甲府市南部の曽根丘陵公園から西北方向を眺めたものである。図２の右半分の山寄り部分にリニアの高架施設が予測されているが、これについての評価は、眺望景観に変化は生じず、与える影響は小さいとされている。ところが、選ばれた三三カ所の眺望地点からの遠景の眺望については、すべて右の記述によってまとめられており、しかも文中に「スカイラインの分断はない」という評価も見られる。

スカイラインの分断は、眺望地点の高低によるものであって、リニアの高架施設を見下す地点から見れば、すべてスカイラインの分断はあり得ない。逆に下から見上げれば、すべてスカイラインは分断される。つまりスカイラインの分断がない地点が、恣意的に選ばれているにすぎないのである。

では、近景はどうか。図3は南アルプス市の中部横断道（高速道路）の写真である。すでにこの道路自体が大規模な景観破壊を惹き起こしているが、ここにリニアの高架施設が架かると、図4のようになる。そして、これに対する評価は、現在の景観に構造物が加わり、現在の景観と調和の取れた新たな景観となっている、とされている。こうした近景の場合も、すべて同様な記述によってまとめられており、遠景も近景もあたかも模範回答のマニュアルに従って書かれた答案のようなものである。こうしたきわめて恣意的な記述や評価に、山梨県環境影響評価等技術委員会も、主観的である旨の意見をとりまとめ、山梨県の知事意見書に反映されるところとなった。

ところでこうした景観評価の恣意性や主観性を排除するためには、できる限りそこに客観的手法を取り入れ、ぶれを小さくする努力をせねばならない。そこで私は、図5、6に示すようなリニア実験線（笛吹市御坂町）の既設のリニア施設写真を示して、アンケートを試みた。この施設が周りの景観と調和がとれていると思うかという問いに、五二名の男女が答えてくれたその結果は、「とれている」が二名、「とれていない」が五〇名であった。圧倒的多数が、否との回答を示したわけだが、少なくともこの評価は、準備書の手法による評価よりも、客観性を多く含むと言って

図３（上） 南アルプス市の中部横断道（高速道路）

図４（下） 図３にリニアの高架施設が架かった後

図５（上）　リニア実験線の高架施設（山梨県笛吹市御坂町）（田辺欽也氏撮影）
図６（下）　同上

よいであろう。従って当然のことながら、準備書はこの程度の努力を評価作成の上で傾注せねばならなかったと思うのだが、いかがだろうか。

ところで私が問題にしたいのは、景観というものの評価をこの程度の杜撰でおざなりな形で済ませるという、その態度の問題なのである。もとよりこのアセス準備書は、残土、生態系、水、騒音、電磁波等々、すべてにわたって同様に杜撰かつ安直なのだが、それにしても同一文章と言ってよいような評価がくり返されるこの景観の項目は、単に当該準備書の持つ問題ということにとどまらず、現代の日本人が共通して景観に対して持つ、一つの態度を表わしているのかもしれないとも思うのである。高度経済成長期以来、高速道路、新幹線、高層建築物といったコンクリート群による硬質かつ直線的、無機的景観に、私たちが馴致《じゅんち》させられてしまった可能性は否定できまい。そうだとすれば、いまこそ私たちは景観というものが私たちに投げかける本質的問題と向い合い、その答を見つける努力を重ねねばならないのではないかと思うのである。何しろいま私たちは、東日本大震災以後に持ち上った東日本沿岸域一帯の、巨大防潮堤問題という史上最大の景観破壊問題に直面しているのであり、いま私たちは重大な岐路に立たされているのである。

景観の原点に溯る

こうしたきわめて現代的な景観上の課題に対して何らかの対処の方法を探ろうとする場合、私たちに求められるのは、景観の持つ本来の意味をもう一度原点に立ち戻って考え直すことであろう。そしてその際最も有効な視点を与えてくれるのは、かつての日本人が景観や自然をどのように捉えていたのか、腰を据えてじっくりと再考してみることではなかろうか。そこでそのような観点から、景観の原点ともいうべきものについて、少しく論じてみたい。

前著『壊れゆく景観』でも触れたことだが、七二四年（神亀元年）十月の聖武天皇の和歌の浦（現和歌山市）への行幸は、再説に値する事件であった。聖武天皇はその折、海中に多数の小島を擁する和歌の浦の美景に強く心を動かされ、弱浜《わかのうら》の名を明光浦《あかのうら》と改め、この地が荒廃せぬよう詔《みことのり》を下した。そしてさらに、ここに玉津嶋《たまつしま》の神と明光浦の霊《みたま》を祭るように指示したのである。注目すべきは、ここに神や霊を祭るという行為にある。美しい風景や自然には神が宿り、またそれらは神によって造られたものだとする考え方が、ここには明らかに示されている。現にこの行幸に随行した歌人山部赤人は、この和歌浦の風景を眼のあたりにして、

神代より　しかそ貴き　玉津嶋山

と詠んでいる。人の世になる前の神代の時代から、かくもずっと貴い玉津嶋山よ、と詠んで、その美しい風景を「貴き」と表現しているのである。私たちはこうしたエピソードから、かつて日本人が景観や自然は神によって造られたものだとする、それへの侵し難い神聖性を感じ取っていたことを理解せねばならない。すなわち景観や自然は、人智や人工をはるかに超えた神聖な領

域に属するものだったのである。

こうした考え方は、実は何も聖武天皇というきわめて古い時代にのみ存在していたわけではなかった。たとえばずっと時代の下った、俳人芭蕉の中にそれを見てみよう。

一六八七年（貞享四）十月、芭蕉は春の桜の吉野を目指して江戸を発った。その旅の随想的記録が『笈《おい》の小文《こぶみ》』である。芭蕉はその『笈の小文』の冒頭で、自らが作句の道一筋に生きる心境を語った上で、次のように述べている（簡約して口語で示す）。

西行の和歌、宗祇の連歌、雪舟の絵、利休の茶それぞれそれらの道を貫く根本のものは一つである。芸術においては、造化《ぞうか》に随《したが》って四季を友とするのである。目に見、心に思うことは、すべて花月の美ならぬものはない。見るものが花でなければ野蛮人に等しく、思うものが花でなければ鳥獣の類になってしまう。野蛮人や鳥獣の域を脱し、造化に随って造化に帰一するのである。

芭蕉は芸術に従事する者の心得として、造化と一体化することが重要だと説いているのである。ここで言う造化とは、造物主すなわち神によって作り出された森羅万象、つまり天然とか自然のことであり、景観はその重要な領域を占めている。芭蕉は花や月を自然の表徴《ひょうちょう》として指示しているが、その花や月のありようが、景観として人間の眼に映るのである。美しい自然や景観に心を動かされるからこそ人間であり、芸術家だと言っている。

その景観を含む自然を造化と言うのである。明治時代に「ネイチャー」の訳語として「自然」という語が創出されるまで、日本において最もそれに近い言葉の一つがこの造化であった。造化という言葉が、神が作り出しそれを育てるという語義に基づいていることは、日本人の自然観を考える上で重要である。それは先述の聖武天皇と自然や景観に対する考え方に共通して、そこに神の存在を感じることに発しているのであり、美しい自然や景観は、ここでもやはり侵すべからざる神聖な領域だったのである。

こうした自然観や景観思想は、近代に入ってもなお変ることはなかった。一例として、唱歌「美しき天然」（明治三十二、武島羽衣作詞）を見てみよう。一番の歌詞は次のように歌われる。

空にさえずる鳥の声
峰より落つる滝の音
大波小波𩏶𩋡《とうとう》と　響き絶えせぬ海の音
聞けや人々面白き　この天然の音楽を
調べ自在に弾き給う
神の御手の尊しや

一番はまず自然の音の描写から始まる。景観論で言えばサウンドスケープの領域に属するが、美しい鳥の声、滝の音、海の波の音、それらはすべて神が弾き給う音楽なのだと歌っているのである。そして二番以下は、春は桜、秋は紅葉に代表される景色はすべて神が織りなす織物だと言い、三番は、山の霞、海辺の松原それらはすべて神の力で描かれた写し絵だという。最後に四番は朝に起きる雲、夕べの虹、それらはすべて神の力で建てられた建築だと歌っている。一〜四番までの最後の結句は、

一、調べ自在に弾き給う　神の御手の尊しや
二、手ぎわみごとに織り給ふ　神のたくみの尊しや
三、筆も及ばず書き給う　神の力の尊しや
四、かく広大に建て給う　神の御業《みわざ》の尊しや

となっており、すべて神の力によって創出されたものだと言っているのである。この景観思想は、聖武天皇や芭蕉とどこが異なっていようか。

すなわちこうした景観思想、一言で言えば神威の景観は長い間日本人の血肉となって生き続けてきたのであった。それは思想問題としての神というよりも、皮膚感覚として人智を越えるものといったレベルの、神威の景観であったのかもしれない。そしてこの「天然の美」という歌が、

まだ私が小学生であった昭和三十年代前半においても、我家の電蓄のＳＰレコードで奏でられていたことを思い起こすとき、こうした神威の景観はまだなお意味を発揮していて、人々に受容されていたと言うことができよう。

景観に育まれる人間

私小説においても歴史小説においても、すぐれた作品を多く残した作家井上靖（一九〇七〈明治四十〉生）は、その幼少期を、曾祖父潔の非正妻かのと二人で湯ヶ島の分家の土蔵で暮らすという、かなり常態と異なった生活を送り、彼の後の人生に少なからぬ影響を与えたと考えられている。だが、その頃の自伝的作品『しろばんば』を読むと、あわせて彼の周辺がきわめて豊かな自然に満ちあふれており、そうした環境が彼の感性に彩りを添えていったことが予想されもするのである。長じて旧制沼津中学に進んだ少年時代のことを、井上は『夏草冬濤《なつぐさふゆなみ》』に書いているが、それにおいてもその傾向の片鱗は窺うことができる。たとえばその顕著な場面として、私たちは千本浜での友人との交流のシーンを挙げることができる。

沼津市の海岸一帯は、古来千本松原の名で知られる東海道筋の一大名所であった。そこは東海道を往還する旅人たちにとって、最も風光明媚な場所として記憶され、数々の文学にも眺望のすぐれた美しい名所として登場するのだが、洪作少年（井上の分身）たちはそこを日常の遊び場としていたのである。

三人は千本浜へ出る道を歩いて行った。最初の松の木が見え出す頃から、道には砂が多くなり、靴の中に砂がはいった。

矢場があり、おでん屋があり、三人はそのおでん屋を横目で睨んで進んでいく。

旅館の前を通り過ぎると、道はなくなり、広い砂浜が拡っていて、右手の方は〝千本浜〟というだけあって、どこまでも松の林が続いている。

洪作たちは、この千本浜の松の本数について論争を続けながら、海に出る。

図７　千本松原の中にある井上靖筆の石碑

松林を抜けると、広い砂浜がゆるやかな傾斜で波打際《なみうちぎわ》まで拡っている。波打際の近くは拳大の石で埋まっているが、あとは全部砂浜である。洪作たちは砂浜を横切って、石のごろごろしている地帯まで行くと、そこに腰を降ろした。波が打ち寄せては砕ける度《たび》に、潮の飛沫《ひまつ》が飛んで来る。

「海は広いなあ」

小林が言った。

そしてこの後、海の向こうのアメリカに話が飛んで、この場面の描写は終る。

おそらく井上の少年時代の日常は、こうした日々のくり返しだったのであろう。千本松原という極上の景観の中で、他愛ない友人との会話がくり広げられる、そうした日々を井上は少年時代に送っていたのであった。そして多分そうした日常が、井上の少年期の精神や感性の形成に少なからぬ影響を与えたであろうことは想像に易い。

実はそう思うのには、一つの確証があるからである。いま千本浜公園の松林の中に、井上靖の筆になる石碑が建っており、そこには次のような一文が刻まれている（図7）

千個の海のかけらが
千本の松の間に

挾まっていた。
少年の日
私は毎日
それを一つづつ
食べて育った

井上　靖

井上少年は、千本の松の間に挾まっていた千個の海のかけらを食べて育ったのである。千本松原の自然と景観は、井上少年の精神の栄養だったのである。井上はそれがなければ、自分は育たなかったと言っているのである。自然や景観が人間の成長にかくも大きな影響を与えることを、私たちは確《しか》と心に刻まねばなるまい。美しい景観の中に身を置くことはそれだけで十分な価値を人間に与えるのである。

しかも事例は、井上にとどまらない。井上より二十年ほど前に生まれた詩人薄田泣菫《きゅうきん》を見てみよう。彼は一八八七年（明治二十）、岡山県倉敷市の水島灘の近くで生まれたが、その少年時代を過ごした郷里の自然について、随筆集『草木虫魚』（一九二九）の中の「赤土の山と海と」で次のように述べている。

私の郷里は水島灘に近い小山の裾にある。山には格別秀れたところもないが、少年時代の遊び場所として、私にとって忘れがたい土地なのだ。

こう書き出されるこのエッセイの中で、彼は裏の松山で木や花や鳥を友として過ごし、山に飽きると海に出て魚や貝と戯れた経験を綴るのだが、この文章は次のような一節によって閉じられている。

私はこれらのものの水のなかの生活に親しむにつれて、山の上の草木や、小鳥などと一緒に、自分の朋輩として彼らに深い愛を感ずるようになった。そしてこの世のなかで、人間ばかりが大切なものでないことを思うようになった。

あの小高い赤土の松山と遠浅の海と。—思えばこの二つは、私の少年時代を哺育した道場であった。

ここに記されるように、松山と水島灘に囲まれた景観と自然は、薄田少年を哺育した、すなわち育てたのであった。そしてそれは奇しくも井上が、詩碑に「少年の日、私は毎日、それを一つづつ、食べて育った」と刻んだのに一致している。井上も薄田も、景観や自然を心の糧として少年時代を過ごしたのであり、またおそらくそうであるがゆえに彼らの感性も育まれていったと考えてよいのであろう。そしてひいては、それが後年彼らを文学で身を立たしめる遠因ともなったといえるように思われる。

あるいは一九〇六年（明治三十九）、新潟市に生まれた作家坂口安吾は、子供の頃から家庭においては平穏な愛情に恵まれず、新潟中学に通う頃も、反逆的で授業放棄も日常的にくり返されたようだ。そのことは後年のエッセイ『石の思い』（一九四六）や『砂丘の幻』（一九五三）などの中に回想されているが、坂口はその『石の思い』の中に、教室代わりに通った新潟海岸の砂丘の風景を思い起しながら、次のように書いている。

私は今日も尚、何より海が好きだ。単調な砂丘が好きだ。海岸にねころんで海と空を見ていると、私は一日ねころんでいても、何か心がみたされている。それは少年の頃否応なく心に植えつけられた私の心であり、ふるさとの情であった。

ここにも井上や薄田と、まったく同じことが述べられている。授業をエスケープして一人で遊んだ新潟海岸の砂丘の風景が、彼の心を育んだのである。人間にとって景観や自然は、人間を人間たらしめる、こうした重要な役割を果たしていたのである。そしてそれはたまたま井上や薄田や坂口において、きわめて分かり易い形で発現したにすぎないのであろう。つまり言い換えれば、意識するとしないとにかかわらず、それは万人にあてはまることのように思われる。

しかし高度経済成長期以来、日本列島改造構想などを中心として、わが国の景観は切り崩され、コンクリート化されて、破壊が続いている。そしていまなお、それは止むことはない。リニア中央新幹線は、崇高とも言える南アルプス（赤石山脈）にトンネル穴を開けようとし、東日本大震災に見舞われた東北地方の太平洋岸一帯には、巨大な防潮壁を立てて人間と海を遠ざけようとしている。しかし高さ一四mのぶ厚いコンクリート防潮壁に囲まれて、人間の健全な精神の生育は約束されるのだろうか。またはたしてそこから、第二、第三の井上靖や薄田泣菫や坂口安吾が生まれるのだろうか。少なくとも私には、絶望的に思われる。

災害と景観

一八五六年（安政三）二月、絵師安藤広重は千住大橋を描いた風景図（図8）を皮切りとして、間を置かず次々と江戸の美景を写し取り板行《はんこう》を開始した。それは広重の晩年の大作『江戸名所百景』として、安政五年十月までの二年九カ月にわたるロングランの製作活動に及ぶものであった。このシリーズは、当時絶大な人気を呼び、結局百景にとどまらず、一一九景にも及んだが（広重没後の二代目広重のもの三枚を含むという）、いま手元にある「暮らしの手帖社」版の複製画一〇〇枚を見ても、鮮やかな彩りによる大胆な構図のものが多く、実に美しい江戸の自然と人工の風景が今日の私たちを十分に感動せしめて余りある。江戸の町と郊外の美しさは、渡辺京二『逝きし世の面影』（葦書房・一九九八）の第十一章「風景とコスモス」に語られる、当時日本を訪れた外

図８　千住大橋

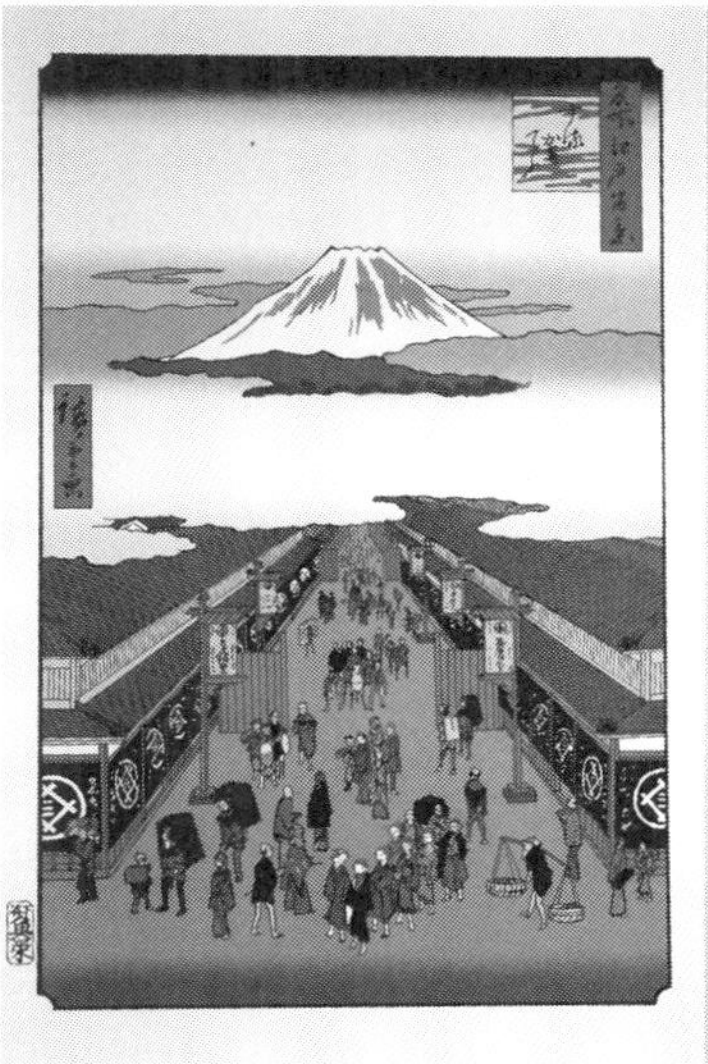

図９　駿河町

国人たちの数々の発言にも認められるものだが、しかし現実の歴史に照して言えば安政三年当時の江戸の風景は、実はもっと別の意味を持っていたのではなかったかと思われるのである。

　というのも、『江戸名所百景』が刊行される安政三年二月の僅か五カ月前、安政二年十月二日、江戸はマグニチュード六・九の直下型大地震に見舞われ、死者一万人余を数えるほどの被害を受けていたからである。世に安政大地震と呼ばれるこの地震は、大正十二年（一九二三）の関東大地震以前のものの中では最大に数えられる一つで、建物の倒壊率は木造建物の場合一〇%とされ、関東大地震の四%をはるかに凌ぐものであった（北原糸子『地震の社会史　安政地震と民衆』に拠る。

図10　猿若町夜の景

図11　廓中東雲

以下地震関係の記述は本書に基づく）。また火災に拠る焼失地、焼死者も少なくなかったことからすれば、当時の江戸の町は、倒壊建物の整理や焼失地での簡易建物の建設などに忙しかったことが想像される。

そうした観点から、町屋の建築物を描いたものを見てみよう。図９は「駿河町」の図で越後屋呉服店（安政三年九月）、図10は「猿若町夜の景」で森田座などの芝居小屋（同年同月）、図11は「廓中東雲」の図で新吉原の暁方の図（安政四年四月）、他に船荷の蔵が立ち並ぶ河岸を描いた「鎧の渡し、小網町」の図（安政四年十月）、「大伝馬町木綿店」の図（安政五年四月）、「日本橋通一丁目略図」（安政五年八月）など、江戸の町中で人が集まる繁華の場が多く描かれている。もしかりにこれらが、その当時の風景をありのままに写していたのだとすれば、それは明らかに地震の震災から立ち上がった新たな町の風景であったはずである。つまり広重は、震災から復興に向かう江戸の町の高揚感の中でこれらを描いていたことになる。

くわえて広重のそうした意図や意識をにおわせるものに、場所の選定という問題がある。いま手元の百景を、現在の都内二三区に割り振ってみると、図12のようになる。選定地は明らかに、墨田区、江東区、台東区、中央区などを中心とする、いわゆる下町に集中している。下町は安政大地震の被害を最も多く受けた地域である。武家屋敷などを中心とした山の手に比べ、人家も人口も密集している下町が倒壊や火災の被害を格段に大きく蒙った。広重はその下町の復興する風景を描いていたのである。

この百景の中に、祭りや年中行事、儀式の図が多いのも復興の問題と関わっているのであろう。水道橋駿河台の鯉上りを描いた五月の節句の図（図13）、市中繁栄七夕祭の図（図14）（ここには「繁栄」の文字が刻み込まれている）、現世利益を信じる日蓮宗の一行を描いた「金杉橋、芝浦」の図、愛宕権現の神事「毘社門の使い」を描いた「芝愛宕山」の図などをはじめとして数多いが、特筆すべきは「大伝馬町　呉服店」の図（図15）に、棟梁送りが描かれていることである。棟梁送りは、棟上式を終えた大工たちを送る儀式だが、復興途上の江戸の町には、こうした儀式の風景が多く見られたにちがいない。祭りや年中行事は、復興の証しであり、平穏な日常の証明であった。

一方この百景には、動物が少なからず登場するが、その中には馬や鷲などとともに、吉事の象徴

図 12

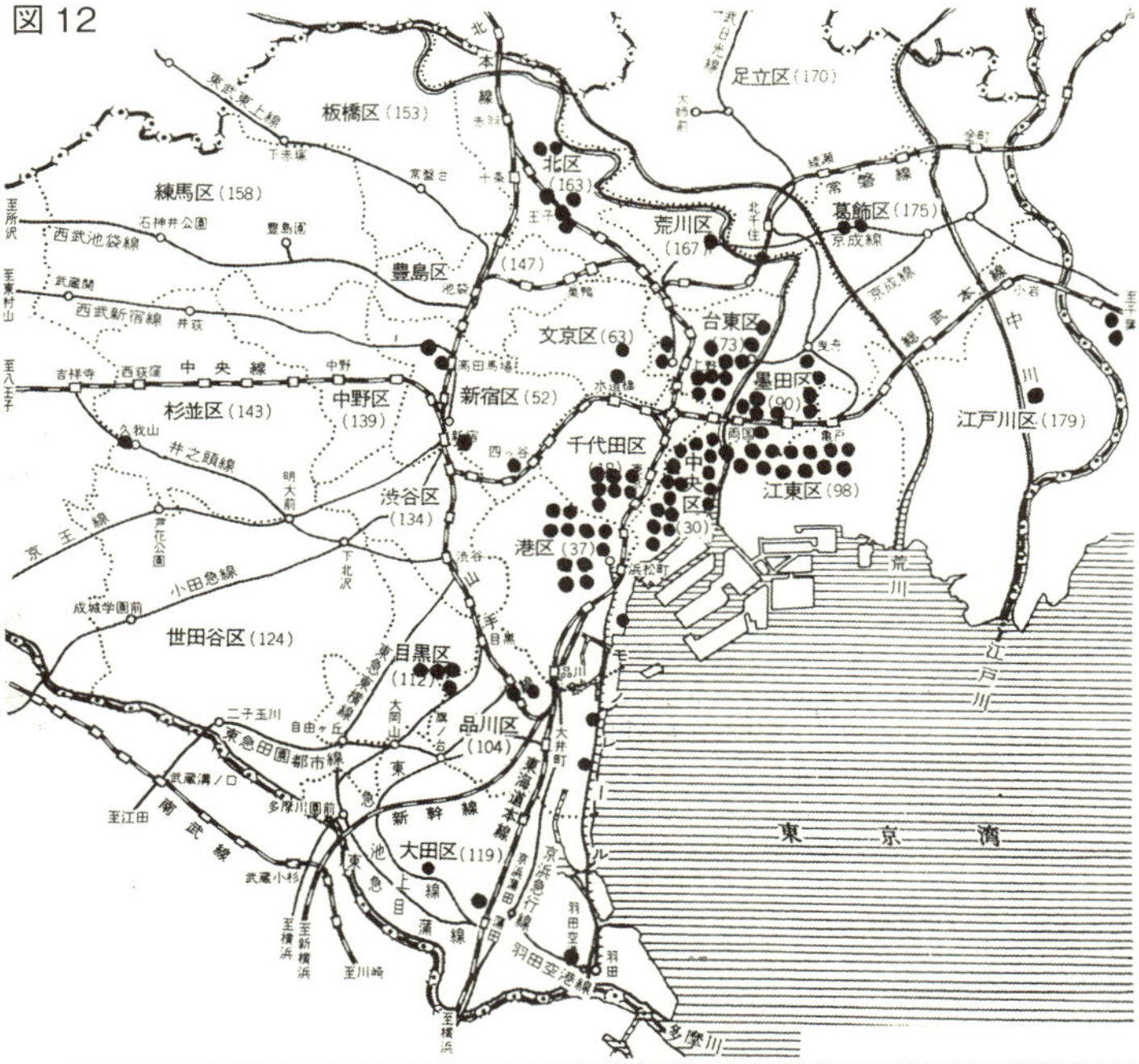

図 14　市中繁栄七夕祭の図

図 13　水道橋駿河台

図15　大伝馬町

図16　箕輪金杉三河島

である鶴と亀が描かれている。鶴は「箕輪金杉三河島」の図（図16）に、将軍家の鶴の狩場であった湿地帯に丹頂鶴を二羽描き、亀は「深川万年橋」の図（図17）に、放生による功徳のための放し亀売に吊るされた亀を描いている。おそらくこれらの鶴亀には、復興途上にある江戸の未来への祝意が籠められていたと見ることができよう。

　このように見てくると、景観というものが人間において持っている意味がよく理解される。景観とは人間の暮らしの反映であり、美しい景観の向こうには幸福なそして平穏な生活が約束されているということなのだ。だから広重は、震災に見舞われながらも復興へと立ち向かう人々の強い意志を、風景の中に見出し風景によって表現しようとしたのである。それは風景とか景観がも

図17　深川万年橋

つ力だと言ってよいであろう。

さて私たちは、同様な事例をもう一つ指摘することができる。敗戦後まもない一九四六年（昭和二十一）八月、福岳本社という出版社から、井上康文著、恩地孝四郎装幀になる『詞華集日本の山水』というアンソロジー詩集が刊行された。二二人の詩人が日本の各地の自然を、自らの感動を交えて歌い上げた作品で占められている。詩人は北原白秋、室生犀星、田中冬二、草野心平、萩原朔太郎、島崎藤村ら著名な作家が多く、また歌われた場所がすべて実在する地名であって、そこには北海道から九州に至る日本全土の自然が散りばめられている。順次これを挙げれば、水上、忍路《おしょろ》、名栗川、白馬岳、大浦天主堂、足羽川《あすわがわ》、飛騨、本栖湖、日本海、富士山、広瀬川、田沢湖、瀬戸内海、阿多多羅山《あだたらやま》（阿武隈川）、将棊頭《しょうぎがしら》（駒ヶ岳）、千曲川、八ヶ岳、吾妻山、芦屋、武蔵野、秋川、筑波山と続き、巻尾に恩地孝四郎の「回想の海」と題する詩に、江の島、小田原、白浜、九十九里、伊豆、赤穂岬、有明海、安平《あびら》の八カ所の地が詠まれている。そしてそれに三枚の画図（立山、阿蘇山、日光戦場原）が挿入されている。

焦土の中の混乱が続く一九四六年八月、敗戦からちょうど一年というこの時期に、このような日本各地の風景を切り取った詩編のアンソロジーが編まれたことに、私は或る感慨を覚えざるを得ない。食うや食わずの中で、何の腹の足しにもならない風景詩集が出版されたのである。それはいったい何を目的としていたのだろうか。

その解答は、同書末尾に記される次の一文によって明らかにされている。

集の終りに。

美しい日本の山河を凝視しやう。心を豊かにしなければならない。ともあれ、いまは種々の苦難を切りぬけてゆかなければならない。心に沁みた汚濁は美しい日本の山河で洗ひ清めやう。そういふ切々の希ひからこの集を編んだ。先輩や友人諸兄の作品の中からこれらの優れた詩を選び出させて貰つた。何よりもこの「日本の山水」を静かに讀みたい。さう思ひながらこれらの詩を幾度も讀み選ばして貰つた。恩地孝四郎と井上康文と相計つてこの集を編み、版協同人山口、畔地、前川氏等の版畫をもつてこれを飾つた。

昭和二十一年六月二十六日。

ここには、「心を豊かにしなければならない」、「心に沁みた汚濁は美しい日本の山河で洗い清めよう」、そういう願いをこの詩集に込めたことが吐露されている。敗戦直後の疲れ切った日本人の心を慰撫し、心の垢をとり除いてくれるものとして美しい風景があることを、この跋文は高らかに宣言している。美しい風景が人間のカタルシス（浄化）となって、人間に蘇生する力を与えてくれると言っているのだ。

前記の井上靖の碑文を、もう一度思い起こしていただきたい。彼はその中で、「千本の松の間に挾まっていた千個の海のかけらを、少年の日に毎日一つづつ食べて育った」と言っていた。それは右の跋文の、「心を豊かにしなければならない」に通底するものである。美しい自然や景観は人の心を豊かに育て上げるものなのである。精神とか心というものは、動物界の中でおそらく人間だけが突出して、生きる上での重要な領域を占めていると言えるであろう。そうだとすれば景観を守るということは、人間を守るということに他ならない。美しい景観があって、はじめて人間は存立する基盤を与えられるのである。だからこそ震災や戦災の悲惨な状況の中で、美しい景観が希求されるのである。美しい景観を破壊して、それでも悔恨が生まれないような国民や国家に、健全な未来が約束されるとは思えない。

［書き下ろし］

あとがき

浅見和彦
川村晃生

前著『壊れゆく景観――消えゆく日本の名所』（慶應義塾大学出版会）を二人で著したのは、二〇〇六年のことであった。刊行後いささかの反響があり、日本の景観破壊の現状が少しでも人々に共有されるかもしれないと、ひそかに期待したりした。

刊行後しばらくして、高尾山のトンネル掘削に反対する「高尾山の自然を守る市民の会」の事務局長・橋本良仁さんから電話があった。浅見は高尾山の麓に住んでこの運動に関わっていたし、川村は甲府での新山梨環状道路の反対運動で橋本さんとは旧知の間柄であった。

前著をお読み下さった橋本さんは、私たちの景観破壊をめぐる各地の文学的ルポに興味を示され、もし続稿を書くことが可能なら、同会の会報に連載を書かないかと慫慂された。前著で二十四項にわたる景観破壊を取り上げはしたが、二人とも書き足りたという感はなかった。また川村は各地の自然景観の破壊の現場を歩き続けていたし、浅見は都市や生活の景観破壊にも深い関心を示し始めていて、二人とも続稿を書くことに消極的ではなかった。二人は橋本さんのお申し出を快諾した。

連載のタイトルは〈「まほろば」への旅〉とした。「まほろば」とはすぐれた場所を意味する古語である（五頁参照）。かつての「まほろば」が、いまどうなっているかを検証するという意味合いで付けたものだ。連載は、二〇一〇年五月十二日発行の二六二号から二〇一二年四月十一日発行の六五号の対談まで続いた。

本書をご覧いただければお分かりになるが、全体の構成は右の二人の関心の差がはっきりと表れていて、その違いが前著に比べ本書を幅広いものにしているように思われる。景観破壊はいつまで続くのだろうか。またどこまで続けば、景観の重要性に気付くのだろうか。それともそんなことにはまったく頓着せず社会は進み続けるのだろうか。せめてそんな状況に警鐘を鳴らしたいという思いで、二人は二年間の連載を続けた。時折橋本さんから、読者諸兄からの嬉しい反応も耳に入り、執筆にもはずみがついた。いまこうして一書にまとまって、いっそう多くの方々の眼に触れることになる。本書への感想や忌憚のないご意見をいただければ幸いである。


本書の刊行に至る間、実に多くの方々のご助力を得た。お声をかけて下さった橋本さんをはじめ、連載中パソコンの不得手な二人の手書きの原稿をすべて打ち込んでくれた和泉史樹さん、川村の新稿を打ってくれた呉書汎さん、そして本書の刊行をご快諾下さり煩雑な編集に携ってくれた緑風出版の高須次郎さんに、御礼申し上げる次第である。

なお本書は、「二〇一四年成蹊大学文学部学会研究成果出版助成」に拠っている。関係各位に謝意を表したい。

二〇一四年十二月

［著者略歴］

浅見　和彦（あさみ　かずひこ）

1947年東京都生まれ。東京大学文学部卒。同大学院博士課程満期退学。成蹊大学文学部教授を経て、2013年退職。現在、同大学名誉教授。日本古典文学、地域文化論、景観保護の観点から環境日本学を提唱。

［著書］『壊れゆく景観―消えゆく日本の名所』（共著。慶應義塾大学出版会、2006年）『日本古典文学・旅百景』（日本放送出版協会、2008年）、『方丈記』（ちくま学芸文庫、2011）『東国文学史序説』（岩波書店、2012年）ほか。

川村　晃生（かわむら　てるお）

1946年山梨県生まれ。慶應義塾大学文学部卒。同大学院文学研究科博士課程単位取得退学。慶應義塾大学教授を経て2012年定年退任。同大学名誉教授、博士（文学）。日本文学、環境人文学専攻。リニア・市民ネット代表、全国自然保護連合代表、日本景観学会副会長。

日本文学の研究をベースに、文学研究の観点から環境問題に取り組む。

［著書］『日本文学から「自然」を読む』（勉誠出版、2004年）『壊れゆく景観―消えゆく日本の名所』（共著。慶應義塾大学出版会、2006年）ほか。

失《うしな》われた日本《にほん》の景観《けいかん》――「まほろばの国《くに》」の終焉《しゅうえん》

2015年1月30日　初版第1刷発行　　定価2200円＋税

著　者　浅見和彦、川村晃生 ©
発行者　高須次郎
発行所　緑風出版
〒113-0033　東京都文京区本郷2-17-5　ツイン壱岐坂
［電話］03-3812-9420　［FAX］03-3812-7262［郵便振替］00100-9-30776
［E-mail］info@ryokufu.com［URL］http://www.ryokufu.com/
装　幀　斎藤あかね
制　作　R 企 画　　印　刷　中央精版印刷・巣鴨美術印刷
製　本　中央精版印刷　　用　紙　大宝紙業・中央精版印刷　　E1200

ISBN978-4-8461-1501-2　C0036